朱永新教育文集

生活与教育

朱永新对话陶行知

朱永新　编著

商務印書館
创于1897 The Commercial Press

图书在版编目（CIP）数据

生活与教育：朱永新对话陶行知 / 朱永新编著．— 北京：商务印书馆，2021（2024.9 重印）
（朱永新教育文集）
ISBN 978-7-100-20379-1

Ⅰ．①生… Ⅱ．①朱… Ⅲ．①陶行知（1891-1946）—教育思想—研究 Ⅳ．① G40-092.6

中国版本图书馆 CIP 数据核字（2021）第 188543 号

朱永新教育文集
生活与教育
朱永新对话陶行知
朱永新 编著

商 务 印 书 馆 出 版
（北京王府井大街 36 号 邮政编码 100710）
商 务 印 书 馆 发 行
北京顶佳世纪印刷有限公司印刷
ISBN 978-7-100-20379-1

2021 年 9 月第 1 版 开本 880 × 1230 1/32
2024 年 9 月北京第 5 次印刷 印张 7⅞

定价：45.00 元

序

对话是人类使用语言开展交流、产生思想碰撞、激发灵感、相互启发的重要形式，也是沟通思想、表达情感、传播文化的重要渠道。古今中外一些著名思想家、教育家利用对话的形式为后人留下了不少思想瑰宝，迄今依然发挥着重要作用。就东方而言，孔子的《论语》可谓典范。李泽厚曾慧眼独具，认为将《论语》“译为‘讨论的话语’，亦无不可也”，故他称《论语》为“孔子对话录”。而在西方，古希腊哲人柏拉图通过与其师苏格拉底的对话，为我们留下了诸如《斐多》《会饮篇》等涉猎各层面问题的精彩哲学思想，朱光潜也因此认为柏拉图的“对话体运用得特别灵活”,“生动鲜明，以浅喻深，由近及远，去伪存真，层层深入，使人不但看到思想的最后成就或结论，而且看到活的思想的辩证发展过程”。

对话，让人们以一种自由放松的心态，打开思想的闸门，打破了条条框框的限制与约束，引发了思想火花的强烈碰撞，形成了深刻的思想智慧，传承了优秀文化。因而，当永新会长将他的最新研究成果《生活与教育——朱永新对话陶行知》一书赠予我时，我顿时感到他做了一件了不起的工作。他借与陶行知对话的形式，继承与发展行知思想，并以实际行动率先垂范，亲自引领和大力推动陶行知研究工作，为教育改革发展呐喊呼吁。尤其难得的是，他在党派政务和教育事业极其繁重的情况下，仍见缝插针，带头研究，其精神令人感佩。

2020 年 9 月，永新同志卸任中国教育学家副会长后，当选新一届中国陶行知研究会会长。上任伊始，就亲自部署新时代陶行知研究各项工作。我因连任中国陶行知研究会常务副会长十年，任期届满，又得民进中央推荐，担任中国教育学会副会长，遂向他提出不再担任陶行知研究会任何职务，只做名拉拉队员即可。他亲自挽留，在换届大会上提名我担任中国陶行知研究会学术委员会主任，并希望学术委员会要以学术为本，研究为基，尽快组织开展学术研究，在普及与提高两方面同步做好工作。根据他的指示与建议，我们以“中国陶行知研究会组编”的名义，先后编写出版普及性的陶行知教育思想简明读本《陶行知教育思想教师简读》《陶行知教育名篇教师简读》，组织全国专家学者和陶行知亲属等编辑出版新编本《陶行知全集（14 卷）》和《陶行知学文库（第 2 辑）》等。

永新会长这次借助对话的形式，以他独特而深刻的理解，生动而通俗的阐释，将陶行知教育思想的光辉又一次展示在众人面前，既包含有对教师理想信念、道德情操、扎实学识、仁爱之心的培育路径，也有对诸如家庭教育、劳动教育、创造教育等方面的实施指南，让我们不禁感叹，百年前教育伟人的思想并未过时，依然在对当下并且还将继续对未来中国乃至世界的教育变革发挥巨大的作用与影响。完全可以说，这本对话录很好地达到了作者推动中华优秀传统文化创造性转化和创新性发展的目的。

志合者，不以山海为远。希望这本对话录的出版，可以让更多的教育工作者汇聚到一起，高举陶行知的大旗，推进新世纪陶行知研究走向深入，为中国乃至世界的教育改革做出新的更大的贡献。

是为序。

周洪宇

2022 年 1 月 30 日于远望斋

目　录

导言　陶行知的生活教育思想

外国评论家认为，在中国现代史上，有两位具有世界性影响的教育家，一位是毛泽东，一位是陶行知。不论这个结论是否正确，这两位伟人的确有着惊人的相似之处。他们都具有惊人的毅力和富有魅力的人格，他们都对乡村问题和大众教育表现出极大的热忱，他们都对传统教育发出了无情的挑战。在陶行知逝世后，毛泽东的题词“痛悼伟大的人民教育家陶行知先生千古”很快发表在延安的《解放日报》上，表达了他对陶行知的崇敬与悼念之情。在毛泽东以后的教育理论与实践中，我们时常依稀可辨陶行知的影子，依稀可辨生活教育思想的印记。

一　生活教育运动的历程

陶行知的生活教育思想是在其生活教育运动的历程中酝酿、形成并发展的。虽然人们一般把陶行知领导的生活教育运动划分为六个时期，即乡村教育运动（1927—1931）、普及教育运动（1931—1935）、国难教育运动（1935—1937）、战时教育运动（1937—1939）、全面教育运动（1939—1945）和民主教育运动（1945—1946），但如果系统探讨生活教育思想的形成与发展，我们可以追溯到更早的平民教育运动，追溯到陶行知早年的经历。

（一）生活教育思想的酝酿期

陶行知生于安徽省歙县，由于家境贫寒，自幼无力入学。后得到私塾先生及外祖母的帮助，先后在家乡和休宁县就读。童年的生活，不仅使他接受了中国传统文化的熏陶，也使他认识到传统教育的负面；不仅使他目睹了贫苦人民的艰难生活，也使他看清了官宦富人的伪善和对穷人的欺凌。

1914年，陶行知以全校总分第一名的成绩提前一年毕业于金陵大学。在题为《共和精义》的毕业论文中，他明确表达了强烈的亲民、爱民、救民的思想感情，并把教育作为实现共和理想的重要手段。他写道："吾于共和之险象，既已详言之矣。然戒险防险，思所以避之，则可；因畏险而灰心，则大不可也。避之之道唯何？曰：人民贫，非教育莫与富之；人民愚，非教育莫与智之；党见，非教育不除；精忠，非教育不出。教育良，则伪领袖不期消而消，真领袖不期出而出。而多数之横暴，亦消于无形。况自由平等，恃民胞而立，恃正名而明。同心同德，必养成于教育；真义微言，必昌大于教育。"① 可以说，陶行知此时已充分认识到了教育的社会功能，认识到教育对于培养自由的国民精神和个性的发展所起的作用。这是陶行知作为教育家的人生起点，也是生活教育思想的源头之一。

同年，他怀着"通过教育而非武力来创建一个民主国家"的理想，赴美留学深造。初入伊利诺斯大学攻读市政学，获政治学硕士学位，后转入哥伦比亚大学师范学院研究教育，成为著名教育家杜威、孟禄的弟子。在这个他向往已久的"圣地"，他接受了作为一个教育家所必需的理论熏陶，学习了"美国大众教育管理""学校与社会""教育史""教育哲学""进步社会与教育""实践的教育

---

① 董宝良主编：《陶行知教育论著选》，人民教育出版社，1991年，第6页。

社会学”等多种课程。陶行知早年对传统教育的不满和改造中国的愿望，在这里得到了系统的理论上的武装。而作为反传统教育的旗手和新教育的开创者的杜威的思想体系，尤其是他提出的“教育即生活”“学校即社会”“以儿童为中心”和“从做中学”的四大教育纲领，进一步验证和强化了陶行知那似明朗而又朦胧的教育理念。虽然以后他根据中国的国情把杜威的学说“翻了半个筋斗”，变“教育即生活”和“学校即社会”为“生活即教育”和“社会即学校”，把“从做中学”发展为“教学做合一”，创建了自己的生活教育理论，但杜威的学说无疑是陶行知生活教育思想形成的直接来源。

从 1917 年秋回国后发表的一系列演讲和论文中，我们还时隐时现可以看到陶行知接受杜威影响的痕迹。如在向安徽省立第一师范和第一女子师范师生所作的《师范生应有之观念》的演讲中[①]，他明确提出“教育为制造社会需要之事业”的命题，认为“教育为改造社会而设，为教育社会人才而设”。这同杜威在《我的教育信条》中所说的“教育是达到分享社会意识的过程中的一种调节作用，而以这种社会意识为基础的个人活动的适应是社会改造的唯一可靠的方法”，可谓如出一辙。他认为“教育者乃为教养学生而设，全以学生为中心”，与杜威所说“学校科目相互联系的真正中心，不是科学，不是文学，不是历史，不是地理，而是儿童本身的社会活动”相互辉映。在《新教育》一文中[②]，他阐述了“新学校”的特征：“学校是小的社会，社会是大的学校。”无疑也是杜威“学校即

① 董宝良主编：《陶行知教育论著选》，人民教育出版社，1991 年，第 16 ～ 20 页。

② 原载《教育潮》1919 年 9 月第 1 卷第 4 期。

社会”思想的折射。

1919 年 5 月，在胡适和陶行知的促成下，杜威应北京大学、南京高师的邀请来华访问。当时正值“五四”运动在中国蓬勃兴起，杜威在 11 个省市作公开演讲，系统论述了他的实用主义哲学思想、教育思想和政治、道德观念等。其中关于平民主义教育的思想和反对传统教育对青少年的束缚、禁锢，主张儿童个性的自由发展、教学的民主、受教育权的扩大、学校的民主管理等，适应了中国教育界一部分知识分子寻求“革新之路”的需要，也适应了“五四”运动时科学与民主的社会思潮。

杜威在南京和上海的行程是由陶行知陪同和安排的。在南京，他作了“平民主义的教育”的演讲。杜威在演讲中说：“我观察中国社会教育，受教育者也大多为有势力、有金钱的贵族子弟，根本没有平民教育，并且又偏重男子，轻视女子，像这样的教育就叫做阶级教育。平民教育乃是公共的教育，是国民人人所应享受的。”又说：“我们实施平民教育的宗旨，是要个人受着切合自己需要的教育。实施平民教育的方法，要使学校生活真正是社会生活。这样看来，人民求学的主旨就是求生活的道路，这就是真正的目的。”

在杜威来华之前，中国的平民教育的序幕已经拉开了。不仅陈独秀、李大钊等号召教育要走“庶民”的方向，毛泽东在湖南领导的工人夜校、邓中夏在北京发起的“北京大学平民教育讲演团”，也卓有成效地开展了活动。而杜威关于平民教育的系列演讲，则给中国的平民教育运动注入了新的活力，使平民教育由一种政治性质的运动发展成真正的教育运动，一场波澜壮阔的平民教育浪潮在中国大地上掀起了。

从此以后，陶行知也把主要精力逐步投入到这场浪潮中。1923

年 11 月 12 日夜，他在给妹妹文渼的信中写道：“我本来是一个中国的平民。无奈十几年的学校生活，渐渐的把我向外国的贵族的方向转移。学校生活对于我的修养固有不可磨灭的益处，但是这种外国的贵族的风尚，却是很大的缺点。好在我的中国性、平民性是很丰富的；我的同事都说我是一个‘最中国的’留学生。经过一番觉悟，我就像黄河决了堤，向那中国的平民的路上奔流回来了。”① 从 1923 年至 1926 年，陶行知全身心地为平民教育而奔走呼唤。在他与朱其慧、晏阳初等人的倡议下，成立了中华平民教育促进会；他和朱经农合编了《平民识字课本》（又称《平民千字课》），以解决平民教育的教材问题；为了解决平民教育的师资与校舍问题，他又发明了“连环教学法”和“平民读书处”。

在平民教育运动方兴未艾的时候，陶行知已冷静地注意到农民问题与农村教育问题，认为平民教育的方向应发生变化。1924 年 10 月，他在《中华教育界》发表文章指出：“中国以农立国，十有八九住在乡下。平民教育是到民间去的运动，就是到乡下去的运动。”② 与此同时，他的生活教育思想也渐趋明朗。在《我之学校观》一文中，陶行知提出了“学校以生活为中心”的观点，并认为学校生活只是社会生活的一部分，是社会生活的起点，改造社会环境要从改造学校环境做起。③

（二）生活教育思想的形成期

1926 年 11 月 21 日，中华教育改进社特约乡村试验学校，在南京明陵小学召开了第一次研究会暨乡村教育研究会成立大会。陶

---

① 董宝良主编：《陶行知教育论著选》，人民教育出版社，1991 年，第 126 页。

② 《中华教育界》1924 年 10 月第 14 卷第 4 期。

③ 董宝良主编：《陶行知教育论著选》，人民教育出版社，1991 年，第 175 ～ 176 页。

行知在会上发表了题为《我们的信条》的演说，较为明确地阐述了他的教育观点，生活教育的思想也初次系统提出。他说的信条共有 18 项：[①]

一、我们深信教育是国家万年根本大计。

二、我们深信生活是教育的中心。

三、我们深信健康是生活的出发点，也就是教育的出发点。

四、我们深信教育应当培植生活力，使学生向上长。

五、我们深信教育应当把环境的阻力化为助力。

六、我们深信教法学法做法合一。

七、我们深信师生共生活，共甘苦，为最好的教育。

八、我们深信教师应当以身作则。

九、我们深信教师必须学而不厌，才能诲人不倦。

十、我们深信教师应当运用困难，以发展思想及奋斗精神。

十一、我们深信教师应当做人民的朋友。

十二、我们深信乡村学校应当做改造乡村生活的中心。

十三、我们深信乡村教师应当做改造乡村生活的灵魂。

十四、我们深信乡村教师必须有农夫的身手、科学的头脑、改造社会的精神。

十五、我们深信乡村教师应当用科学的方法去征服自然，美术的观念去改造社会。

十六、我们深信乡村教师要用最少的经费办理最好的教育。

十七、我们深信最高尚的精神是人生无价之宝，非金钱所能买

① 董宝良主编：《陶行知教育论著选》，人民教育出版社，1991 年，第 184 ～ 185 页。

得来，就不必靠金钱而后振作，尤不可因钱少而推诿。

十八、我们深信如果全国教师对于儿童教育都有“鞠躬尽瘁，死而后已”的决心，必能为我们民族创造一个伟大的新生命。

《信条》中提出的若干观点，如生活是教育的中心、教法学法做法合一、教育应培植生活力等，是生活教育思想的最初的表述。在《信条》中，他还热情洋溢地表达了向农民“烧心香”的愿望，决意把“整个的心献给我们三万万四千万的农民”。在随后不久为中华教育改进社起草的《改造全国乡村教育宣言书》中，陶行知拟订了一个庞大的乡村教育计划，即“筹募一百万元基金，征集一百万位同志，提倡一百万所学校，改造一百万个乡村”。这个计划在当时的社会历史条件下自然是难以实现的，但陶行知并不气馁，从创办晓庄试验师范学校开始，在乡村教育的实践中走上了与工农劳苦大众相结合的道路。

从1927年到1930年，是陶行知生活教育思想全面形成的时期。在这一时期，他发表了《行是知之始》《教学做合一》《在劳力上劳心》《生活即教育》等文章，形成了系统的生活教育理论。

在这一时期，生活教育思想产生了一次革命性的变化，一次质的飞跃。陶行知过去的生活教育思想主要论点是：

是生活就是教育，不是生活的就不是教育；是好生活就是好教育，是坏生活就是坏教育；

是认真的生活就是认真的教育，是马虎的生活就是马虎的教育；

是合理的生活就是合理的教育，是不合理的生活就是不合理的教育；

不是生活，就不是教育；

所谓之生活未必是生活，就未必是教育。[①]

这里，陶行知已认识到整个生活的教育意义，认为离开生活的教育是没有出路的，还没有明确提出教育之于生活的能动作用。为此，他把杜威“教育即生活”翻了半个筋斗，变成了“生活即教育”。这时生活教育思想的主要论点也发生了变革：

是康健的生活，就是康健的教育；是不康健的生活，就是不康健的教育；

是劳动的生活，就是劳动的教育；是不劳动的生活，就是不劳动的教育；

是科学的生活，就是科学的教育；是不科学的生活，就是不科学的教育；

是艺术的生活，就是艺术的教育；是不艺术的生活，就是不艺术的教育；

是改造社会的生活，就是改造社会的教育；是不改造社会的生活，就是不改造社会的教育；

是有计划的生活，就是有计划的教育；是没有计划的生活，就是没有计划的教育。

这样，教育就不再是被动地适应生活了，而是主动地改造和能

① 董宝良主编：《陶行知教育论著选》，人民教育出版社，1991 年，第 292 ～ 293 页。

动地创造，是要变不健康的、不劳动的、不科学的、不艺术的、没有计划的生活为健康的、劳动的、科学的、艺术的、有计划的生活，要通过改造生活、改造社会来改造教育。而社会的改造显然是革命性的行为。“陶行知以后的教育活动和民主政治活动为他的理论作了最好的注释。如果还是用改良主义的、教育改造社会的观点看陶行知，就无法解释陶行知后半生革命的、不妥协的战斗性了。”①

在这样的理论驱动下，陶行知领导的晓庄学校开展了若干改造社会的革命性活动，结果学校被国民党政府查封，陶行知也被通缉，不得不于 1930 年秋亡命日本。在日本的半年左右时间里，他目睹日本教育的普及与科学技术的发达，心中孕育了生活教育的下一个蓝图。

1931 年春，陶行知潜回国内，生活教育运动进入了普及教育运动的时期。为了普及科学知识，他发起了“科学下嫁”运动，创立了自然科学园，编辑了《儿童科学丛书》与大众科学教科书。在通缉令取消后，陶行知在《申报》发表教育小说《古庙敲钟录》，以文艺体裁表达他生活教育的思想。又在上海市郊办起了“山海工学团”，并创造、推广了著名的“小先生制”。

从 1931 年到 1935 年，陶行知先后发表了《乡村工学团试验初步计划说明书》《教学做合一下之教科书》《怎样培养普及教育的人才》《小先生与民众教育》《普及现代生活教育之路》《中国普及教育方案商讨》等文章，进一步阐述生活教育思想。在这个时期，陶

① 袁振国、张癸编著:《伟大的人民教育家陶行知》，江苏教育出版社，1991 年，第 93 页。

行知的生活教育思想主要表现在对传统教育的批判和对普及教育的关注两个方面。

在对传统教育的批判方面，陶行知列举了传统教育的七个弊端，即学校与社会相隔离；生活与教育相分家；师生的界限太严格；先生教而不做，学生学而不做；教劳心者不劳力，不教劳力者劳心；教人把智识装满了再去行；教少数人升官发财等。在《传统教育与生活教育有什么区别》一文中，他更深刻地指出："传统教育，是吃人的教育；生活教育，是打倒吃人的教育。"①他认为，传统教育有两种吃人的方法，一是教学生自己吃自己，即教学生读死书，死读书，最后读书死；二是教学生吃别人，即教人升官发财，吃农人、工人的血汗。而现代教育则教人做人，教人生活，读活书，活读书，读书活；教人在劳力上劳心，做自己的主人，做政府的主人，做机器的主人。在《给国英的信》中，陶行知更简洁地指出了生活教育有别于传统教育的基本原则：（1）社会即学校；（2）生活即教育；（3）劳动即生活；（4）教学做合一；（5）在劳力上劳心才是真正的做；（6）行是知之始；（7）教小孩子自己教自己；（8）教小孩子做小先生；（9）教劳苦大众自己教自己；（10）会的教人不会的跟人学；（11）不愿教人的人不配受教育；（12）工以养生，学以明生，团以保生。②

在普及教育方面，陶行知不仅身体力行地编写《老少通千字课》和科学普及读本，而且提出了用小先生普及教育的方法。在《中国普及教育方案商讨》一文中，他提出了普及教育的原则和方

① 董宝良主编：《陶行知教育论著选》，人民教育出版社，1991 年，第 400 页。

② 江苏省陶行知教育思想研究会等编：《陶行知文集》，江苏人民出版社，1981 年，第 361 页。

法，为中国普及教育制定了非常详细的方案，从师资问题（如全国小学生总动员做小先生、全国识字成人总动员做传递先生、全国知识分子总动员辅导普及现代生活教育之推进、举办小先生养成所）、教材问题，到财力与法律的保障，以及评价措施、组织体系，都进行了具体的论证与规定。如果这个方案得以实施，中国的现当代教育史也许就要重写了。

（三）生活教育思想的发展期

1935 年“一二·九”运动爆发后，中国人民掀起了抗日救亡的运动。救亡运动赋予生活教育以新的内涵，引导生活教育汇入民族解放运动的洪流。根据陶行知“过什么生活，便是受什么教育”的理论，在国家危难的情况下，自然就是国难教育。

在“一二·九”后的第三天，陶行知就与宋庆龄、何香凝、马相伯、沈钧儒等知名人士发表了《上海文化界救国运动宣言》，并筹组上海文化界救国联合会。次年 2 月，他又发起组建“国难教育社”，拟定《国难教育方案》等文件。为了从理论上引导国难教育的顺利发展，陶行知撰写了《中国大众教育问题》的长篇论文，系统阐述了国难教育的目标、对象、教师、课程、组织、方法等问题，提出了国难教育的具体方案。他认为，国难教育的目标是推进大众文化，争取中华民族之自由平等和保卫中华民国领土与主权之完整。

国难教育的对象是教育大众联合起来解决困难，教育知识分子将民族危机之知识向大众传播。

国难教育的教师是前进的大众、前进的小孩、前进的教师和前进的技术人员。

国难教育的课程是政治经济专家的演讲讨论、防卫作战技术的操练、医药救护的实习、交通工具运用的实习、国防科学的研究、大众教育的推广研究。

国难教育的组织是成立学生、教师和各界大众的救国会和救国联合会，以实施学生、教师和大众之国难教育。

国难教育的方法是推动报纸、杂志、戏剧、电影、说书人、无线电播音积极针对民族解放的宣传；变通各校功课内容，使适合于解决国难之需要；运用县、市、乡现有组织及集会，宣传民族危机及解决国难的路线；推动家庭、店铺组织国难讨论会、读书会；开办或参加识字学校，使此种学校对解决国难发生效力；长途旅行，唤起民众组织起来救国；必要时游行示威。

陶行知向从事国难教育的同志疾呼，中国已到了生死存亡的关头，“为教育而教育，不许行动的教育，乃是加重国难的教育，而不是解决国难的教育”[①]，只有以民族的生命为生命的教育，才是真正有意义的教育。

国难教育方案的提出与实施，在陶行知生活教育思想的发展过程中具有重要的作用，它承上启下，促使生活教育运动向纵深发展，也使生活教育的思想日益丰富。1936 年 3 月 16 日，《生活教育》发表了陶行知的《生活教育之特质》，分析了生活教育所具有的“生活的”“行动的”“大众的”“前进的”“世界的”“有历史联系的”等特点，并指出了在国难当头的情况下生活教育所肩负的使命。他说：

① 江苏省陶行知教育思想研究会等编：《陶行知文集》，江苏人民出版社，1981 年，第 537 页。

中国已经到了生死关头，争取大众解放的生活教育，自有它应负的历史的使命。为着要争取大众解放，它必须争取中华民族的解放；为着要争取中华民族的解放，它必须教育大众联合起来解决国难。因此，推进大众文化以保卫中华民国领土主权之完整，而争取中华民族之自由平等，是成了每一个生活教育同志当前所不可推却的天职了。①

国难教育将普及大众教育与争取民族解放有机地统一起来，强调“大众教育与民族解放运动”是一个不可分开的大革命，这就把生活教育思想从过去的平民教育、乡村教育、普及教育的水平上升到民族解放与人类解放的境界，使生活教育在理论与实践上都有了新的发展。

1936 年 7 月，陶行知应邀赴伦敦参加“世界新教育会议”，并受全国各界救国会的委托，以国民外交使节的身份，宣传中国人民的抗日主张，发动海外侨胞共赴国难。在海外，他先后走遍 28 个国家和地区，争取国际声援。抗战爆发后，生活教育运动又从“国难教育”转变为“战时教育”，《生活教育》也改为《战时教育》出版。陶行知在桂林主持了生活教育社成立大会，并提出了生活教育者在抗战建国的时代中的四项任务：“（1）力求长进，把自己的集团变成抗战建国的真力量；（2）影响整个教育界共同求进，帮助整个教育界都变成抗战建国的真力量；（3）参加在普及抗战建国的生活教育的大运动里面，帮助全民族都变成抗战建国的真力量；（4）参加在普及反侵略的生活教育的大运动里面，帮助全人类都变成反侵

① 董宝良主编：《陶行知教育论著选》，人民教育出版社，1991 年，第 464 页。

略的真力量。”[1]

陶行知认为，生活教育的理论“在战时，更显出它的优点”，生活教育在抗战中能作出以下贡献：（1）生活教育是民族大众人类解放之工具。当日本帝国主义危害我们生存的关头，生活教育者每上一课自必要问：这一课对于抗战能有多少帮助？（2）生活之变化是教育之变化，真正的抗战教育，必须通过抗战生活。（3）社会即学校，不能专在后方流连，要联想到前方，在后方办学校也要尽力把教育的力量输送到前方和沦陷区。（4）人民集中的地方便是教育应到的地方，要注意到将战时教育推广到伤兵医院、难民收容所、壮丁训练处、防空壕和山洞里。（5）集团的教育力量大于个人的教育力量，帮助学生团结起来，进行战时的集体主义的自我教育。（6）“生活影响生活”，人人都能即知即传，要使整个民族不分男女老少都从炮火中发出力量。（7）教学做合一、在劳力上劳心是最有效的生活法和最有效的教育法，所以要以抗战建国的行动为中心，而不陷落在虚空里面。（8）到处可以生活即到处可以办教育，生活教育者的学校是炸不散的。所以，陶行知对生活教育的前途充满信心，深信“生活教育必定能够发出伟大的力量，帮助打倒日本帝国主义，帮助创造一个自由平等的新中国，并且帮助创造一个和平互助的新世界”。

生活教育运动十二周年纪念之际，陶行知在《战时教育》上发表了《告生活教育社同志书》，系统总结了生活教育所走过的历程，布置了“继续已往的工作”“负起当前的任务”和“加强我们的力量”等主要任务，并特别提出当前的任务是展开全面教育以配合全

---

① 董宝良主编：《陶行知教育论著选》，人民教育出版社，1991 年，第 506 页。

面抗战而争取全面的最后胜利。

在抗战处于相持的困难阶段，陶行知已经看到了胜利的曙光，并着手为未来的社会培养人才。由他创办的育才学校就是这种既注重抗战又着眼建国的新型学校。正如他在为育才学校拟定的教育纲要草案中所说："今天育才学校的儿童必须过战时生活，必须为抗战服务，必须在抗战熔炉中锻炼，否则我们便没有理由希望他们成为未来的建国人才。育才学校的教育，不是挂名的建国教育，而是抗战与建国的统一的教育，抗战建国教育。"①

创办育才学校，进行特殊儿童的人才教育，对于生活教育运动来说，是一次全新的理论与实践的尝试。生活教育运动也从此进入了人才教育或全面教育运动的阶段。在这一阶段，陶行知先后撰写了《育才学校教育纲要草案》《我的民众教育观》《我们的校徽》《谈生活教育》《我们不是企图取消学校教育》《育才二周岁前夜》《育才十字诀》《创造宣言》《创造的儿童教育》《创造年献诗》等重要文章和文集，论述了培养学生生活创造能力的思想，从而使生活教育思想的创造性内涵进一步得到丰富。

在这一时期，陶行知的生活教育思想进一步趋于完善，虽然战火纷飞、生活困窘，他无法构思鸿篇巨著，但对于教育理论的探索从来也没有停止过。他主要就育才教育的性质、集体生活的教育、真善美的教育以及创造教育等问题进行了研究。其中创造教育的理论，将生活教育思想又升华到一个新的境界。

抗战胜利后，陶行知以极大的革命热情和胆略投身于反内战、反独裁、争和平、争民主的斗争，并不失时机地把生活教育运动的

---

① 董宝良主编：《陶行知教育论著选》，人民教育出版社，1991年，第525页。

重点转移到民主教育。在《实施民主教育的提纲》以及《全民教育（为四万万中国人民提倡民主教育的初步计划）》两篇文章中，陶行知按照生活教育的原理，针对中国的社会实际，提出了具有生活教育特色的民主教育思想。

陶行知指出，生活教育所追求的民主，不是为少数人服务的旧民主，也不是形式上的庸俗的旧民主，而是为人民大众服务、由人民大众做主的民主，是发挥每个人的创造性的新民主。

民主教育的目的，是把“文化为公”“教育为公”与因材施教结合起来，把国民教育与人才教育统一起来。

民主教育的方法，关键是把生活与教育联系起来，不限于一种，要多种多样，因材施教；其次是“来者不拒，不能来者送上门去”，把社会当作学校；再次是解放学生的眼睛、双手、头脑、嘴、空间和时间，使学生走上创造之路，手脑并用，劳力与劳心结合。

民主教育的教师，必须具有虚心、宽容的品质，能与学生共甘苦，跟民众学习，跟小孩子学习，肃清形式、先生架子、师生的严格界限。

民主教育的教材，应从丰富中求精华，教科书以外求课外的东西，并且要从学校以外到大自然、大社会中求得活的教材。

民主教育的课程，在内容上应该让人们能了解社会，有科学的生产劳动知识，启发民众争取抗战胜利和民主自由；课程组织要铺成多轨，普及与提高并重，要有系统性和弹性。

民主教育的学制，应遵循单轨出发、多轨同归和换轨便利三原则；考试不鼓励个人的等第，只注意集团的成绩，不以分数定高下。

民主教育的行政，应鼓励人民自己办学校，鼓励学生自己管自己的事，反对官僚作风。民主教育的校长有四种任务：一是培养在职教师，使他们不断进步；二是通过教员使学生进步；三是在学校中提拔为老百姓服务的人，如小先生之类；四是将校门打开，运用社会的力量，使学校进步，动员学校的力量，帮助社会进步，从而使学校成为民主的温床，培养出人才的幼苗。

陶行知的上述民主教育思想，是对生活教育运动二十余年的经验和教训所作的初步总结；也是根据新民主主义革命发展的客观需要，对生活教育思想的进一步丰富和完善。在这一时期，陶行知提出了生活教育的新方针：民主的、大众的、科学的、创造的方针。他还对未来的民主国家所应建立的民主教育制度提出了详密的构想，绘制了一份理想的蓝图。

1946 年 7 月 25 日，陶行知因劳累过度而病逝，但他的生活教育运动并未因此而画上句号。用他自己的话来说："真正的生活教育，自古以来一直存在到今天，即发展到今天，而且还要一直存在下去，发展下去而达到最高的生活即最高的教育。"[①] 为了创造"最高的生活"，生活教育总是与时代并进，总是把握当前的生活，这是生活教育不断发展的历程的写照，也是生活教育思想最富有生命力的奥秘所在。

二　生活教育理论的精髓

陶行知先生的生活教育理论，是一个体系相当完备、内容十分丰富的教育思想宝库。在探讨生活教育运动的历程时，我们已涉及

① 董宝良主编：《陶行知教育论著选》，人民教育出版社，1991 年，第 547 页。

不少生活教育的闪光思想，这里再从三个角度剖析一下生活教育理论的精髓。

（一）三大原理

陶行知的生活教育理论由三大原理组成，一是“生活即教育”，二是“社会即学校”，三是“教学做合一”。

“生活即教育”是陶行知生活教育理论的核心。他在肃清社会上关于生活教育的误解时说：“生活教育是生活所原有，生活所自营，生活所必需的教育。教育的根本意义是生活之变化。生活无时不变，即生活无时不含有教育的意义。”[①] 可见，“生活即教育”的含义首先是指有什么样的生活就有什么样的教育，是生活所原有的教育，强调生活本身的教育意义，认为好的教育必须有好的生活。这又带来了两个从属的性质：生活是不断变化的，所以人的教育就要不断地适应这种变化；生活是没有止境的，生活教育也是一种终身教育。“生活教育与生俱来，与死同去。出世便是破蒙，进棺材才算毕业。”[②] 这是“生活即教育”的第一层意思。

我们知道，教育并不等于生活。教育的根本意义，在于有意识地指导生活、改造生活，把人们的生活引向更健康、更合理、更高尚的境界。这是教育的真正目的，也是生活本身所必需，更是陶行知先生毕生贡献于教育的原动力。正如他在 1936 年发表的《生活教育之特质》一文中所说：“我们承认自古以来便有生活即有教育。但同在一个社会里，有的人是过着前进的生活，有的人是过着落后的生活。我们要用前进的生活来引导落后的生活，要大家一起来

---

① 江苏省陶行知教育思想研究会等编：《陶行知文集》，江苏人民出版社，1981 年，第 423 页。

② 同上书，第 424 页。

过前进的生活，受前进的教育。”[①] 因此，“生活即教育”的潜台词，便意味着通过教育去引导生活、改造生活、创造新生活。事实上，生活教育运动的历程本身就是这句潜台词的证词。

“社会即学校”是生活教育理论的又一个重要命题。有人认为，“社会即学校”的提法就是把社会与学校等同起来，是一种学校消亡论。其实，这里所说的“社会即学校”，旨在加强学校与社会的联系，扩大学校对社会的积极影响，使学校的教育作用不再局限于学校以内。

“社会即学校”与“生活即教育”的原理一样，有两层基本的意思。其一是克服杜威“学校即社会”的弊端，发挥社会的教育功能。陶行知打了一个比方：“学校即社会，就好像把一只活泼泼的小鸟从天空里捉来关在笼里一样，他要以一个小的学校去把社会上所有的一切东西都吸收进来，所以容易弄假。社会即学校则不然，他是要把笼中的小鸟放到天空中去，使他能任意翱翔，是要把学校的一切伸张到大自然里去。”[②] 可见，陶行知不主张仅仅吸取一些社会生活到学校做做样子，装装门面，而是要真正把学校摆进社会里面，使整个社会成为学校的教育环境。这样一来，教育的材料，教育的方法，教育的工具，教育的环境，都可以大大地增加，学生、先生也可以多起来。这样，也就可以消弭传统的教育与生活、学校与社会相脱节、相隔离的弊病。

我们知道，学校也不等于社会。学校的根本价值，在于使学校在群众生活中发挥更大、更广泛的教育作用，成为推动社会前进的

---

① 董宝良主编：《陶行知教育论著选》，人民教育出版社，1991 年，第 463 页。

② 同上书，第 294 页。

力量。这是学校的真正意义，也是社会生活向学校提出的要求，更是陶行知先生惨淡经营晓庄、育才等学校的内驱力。陶行知举了一个例子加以说明：去年（1929 年）因为天干，和平学园因为急于要水吃，就开了一个井。井是学校开的，但是献给全村公用，不久就发现了两个大问题：（1）每天出水 200 担，不敷全村之用。于是大家都起早取水，后到的取不到水。（2）大家围着取水，争先恐后，有时甚至用武力解决。这种现象，假使是学校即社会，就可以用学校的权力来解决，由学校出个命令，叫大家照着执行。社会即学校的办法就不然，他觉得这是与全校人的生活有关系的，要全村的人来设法解决，于是就开了一个村民大会，一共到了六七十个人，共同来做一个吃水问题的教学做。到会的人，有老太婆，也有十二三岁的小孩子，公推了一位十几岁的小学生做主席。我和许多师范生，就组织了一个诸葛亮团，插在群众当中，保护这位“阿斗皇帝”。老太婆说的话顶多，但同时有许多人说话，大家听不清楚，而“阿斗皇帝”又对付不下来。这回，诸葛亮用得着了，他就起来指导。结果，共同议决了几件事……这就是社会即学校的办法。[①] 这一项全村吃水问题的教学做，表明“社会即学校”不是要学校傲居社会之上指手画脚，也不是取消学校，而是把学校办成社会的中心，让学校师生直接参加群众生活，并在其中起指导作用。

“教学做合一”是生活教育理论的第三个原理，也是陶行知主要的教学理论。

“教学做合一”的原理最早是有感于传统教育把教与学相脱离、书本知识与实际生活相脱节而提出的，最初的表述为“教学合

① 董宝良主编：《陶行知教育论著选》，人民教育出版社，1991 年，第 297 ～ 298 页。

一”。在 1919 年发表的论文中，他明确阐述了“教学合一”的论点与论据。①

第一，陶行知认为：“先生的责任不在教，而在教学，而在教学生学。”他指出，教学大概可以分为三个层次，一种是只会教书，只会拿一书本要儿童来读它、记它，把活泼的学生作为书架子或字纸篓，教师则成了书架子、字纸篓的制造家，学校好像是书架子、字纸篓的制造厂。这是一种“拿学生来配书本”的办法，是让学生死读死记书本的文字。另一种是“拿书本来配学生”，教师把注意力从书本上移到学生身上，“凡是学生需要的，他都拿来给他们”，这种教学固然比第一种好得多，但学生还是处于被动的地位，“因为先生不能一生一世跟着”。世界上新理不尽、天地间奥妙无穷，教师是不可能与学生“一齐发明”的。再一种是“教学生学”的方法。这种方法把教与学有机地结合起来：“一方面要先生负指导的责任，一方面要学生负学习的责任，对于一个问题，不是要先生拿现成的解决方法来传授学生，乃是要把这个解决方法如何找来的手续程序，安排停当，指导他，使他以最短的时间，经过相类的经验，发生相类的理想，自己将这个方法找出来，并且能够利用这种经验理想来找别的方法，解决别的问题。”这样，学生才会形成“自得自动”的品质，才能主动地探知识之本源，求知识之归宿。这就肯定了学生在学习过程中的主导作用。

第二，陶行知认为，“教的法子必须根据于学的法子”。他批评传统的教学方法，教师只管照自己的意思去教学生，根本不考虑学生的才能兴味，用学生来“凑他的教法，配他的教材”，这样教师

① 董宝良主编：《陶行知教育论著选》，人民教育出版社，1991 年，第 33 ～ 35 页。

收效很少，学生苦恼太多。相反，“如果让教的法子自然根据学的法子，那时先生就费力少而成功多，学生一方面也就能够乐学了”。因此，他要求教师根据学生的实际进行教学，“学得多教得多，学得少教得少；学得快教得快，学得慢教得慢”。这种强调激发学生兴趣、一切从学生实际出发的教学法，与现代教学理论也是息息相通的。

第三，陶行知认为，教师必须“一面教一面学”，“不但要拿他教的法子和学生学的法子联络，并须和他自己的学问联络起来”。他批评当时的教育界“是各人拿从前所学的抄袭过来，传给学生”。主张教师必须不断地去研究新的学问，求得新的进步；一方面指导学生，一方面研究学问，从而达到真正的教学相长。或言之，教师必定先要“学而不厌”，然后才能“诲人不倦”，体验教育英才的快乐。

陶行知上述“教学合一”的理论，在经过十年的探索与研究，尤其是晓庄学校的试验后，进一步得到丰富和充实，从而正式提出了“教学做合一”的命题。在1928年由上海亚东图书馆出版的《中国教育改造》中，收录了他关于这一命题的专论。他写道：

教学做是一件事，不是三件事。我们要在做上教，在做上学。在做上教的是先生，在做上学的是学生。从先生对学生的关系说，做便是教；从学生对先生的关系说，做便是学。先生拿做来教，乃是真教；学生拿做来学，方是实学。不在做上用功夫，教固不成教，学也不成为学。[①]“教学做合一”原理的核心在“做”字上。

① 董宝良主编:《陶行知教育论著选》，人民教育出版社，1991年，第225页。

而真正意义上的做是指“在劳力上劳心，用心以制力”[①]，即手脑并用。单纯的劳力，只是蛮干，不能算做；单纯的劳心，只是空想，也不能算是做。做既要调动各种感官的参与，努力做到心到、眼到、口到、耳到、手到，又要运用身外的工具。做具有行动、思想、新价值之产生等三方面的特征。

1931 年，陶行知发表了《教学做合一下之教科书》一文，对运用“教学做合一”原理指导课程、教科书等问题进行了论述。他认为，过去的教科书是以文字为中心，而且是用零碎的文字为中心，只能给学生传授一点零星的知识，而在“教学做合一”原理指导下编辑的教科书，具有三个重要特点：一是要有引导人动作的力量，引导人做了一个动作又要做一个动作的力量；二是要有引导人思想的力量，引导人想了又想的力量；三是有引导人产生新价值的力量，引导人产生新益求新的新价值的力量。所以，他说：“做是发明，是创造，是实验，是建设，是生产，是破坏，是奋斗，是探寻出路。”[②]这样，“教学做合一”的原理又与“生活即教育”相契合，构建在实际生活的肥沃之土上了。

（二）六大解放

创造教育是生活教育理论发展过程中的一个重要主题。1941 年 6 月，陶行知在纪念育才学校两周年前夕首次提出了创造教育的问题，此后便一发而不可收，对创造教育倾注了心血。他为育才学校制定了《创造年计划大纲》并撰写了《创造年献诗》，拟定了

---

① 董宝良主编：《陶行知教育论著选》，人民教育出版社，1991 年，第 227 页。

② 同上书，第 348 ～ 361 页。

《育才学校创造奖金办法》，开展了“育才幼年研究生”活动，要求育才学校的师生“在共同努力创造学校上来学习，共同努力创造新中国、新世界”①。

陶行知用画龙点睛的笔法勾勒了向着创造生活前进的程序，他的《育才三方针》可以视为最简洁的创造教育的教学方法的概括，全文不长，照录如下：②

（一）迷　根据孩子们不断的迷在某种特殊活动的天性，透过特殊的环境、设备和方法，我们培养并引导他们成长，踏进未知之门。

（二）悟　根据孩子们一般的智力，透过启发性的普通教育，我们培养和指导他们对特殊活动取得更深的了解，对人生各方面的关系和宇宙人类的历史的发展取得更广的认识。

（三）爱　根据孩子们愿意帮助别人的倾向，透过集体生活，我们培养和引导他们对民族人类发生更高的自觉的爱。

也就是说，创造教育首先要形成学生的兴趣，在兴趣的引导下步入未知世界；其次要发展学生的智力，通过思维的觉悟把握客观规律；再次要培养学生的情操，使他们达到助人为乐、热爱民族与人类的境界。

育才学校学生的创造生活的成功，给了陶行知很大的启发和鼓舞，而未来新中国的建设远景，也给他注入了极大的活力与动力。他写下了不朽的《创造宣言》与系统阐发儿童创造教育理论的《创

---

① 董宝良主编:《陶行知教育论著选》，人民教育出版社，1991 年，第 581 页。

② 同上书，第 588 页。

造的儿童教育》，把他的生活教育思想推向了高潮。

在《创造宣言》中，他充满激情地写道："创造主未完成之工作，让我们接过来，继续创造。"他说，教育者要创造的是真善美的活人，教师的成功是创造出值得自己崇拜的人。"先生之最大的快乐，是创造出值得自己崇拜的学生。"他批评了用环境平凡、生活单调、年纪太小、人太无能、陷入绝境等借口不去创造的懒惰者，而向人们呼吁：

……处处是创造之地，天天是创造之时，人人是创造之人，让我们至少走两步退一步，向着创造之路迈进吧。①

……只要有一滴汗，一滴血，一滴热情，便是创造之神所爱住的行宫，就能开创造之花，结创造之果，繁殖创造之森林。②

在《创造的儿童教育》和《实施民主教育的提纲》等文章中，陶行知具体阐述了创造教育理论的精华——"六大解放"。他认为，儿童具有创造力，只有将这种创造力解放出来，才能使创造力不致被埋没、被浪费。因此，他提出了解放儿童创造力的六大方法。

第一，要解放儿童的眼睛。陶行知认为，传统教育给儿童戴上了一副封建的有色眼镜，使他们严重脱离社会，脱离生活，成为无益于社会、无补于生活的"小书呆子"。而创造教育就是不能让儿童"戴上封建的有色眼镜，使眼睛能看事实"，应培养儿童观察生活、观察社会的能力。他曾写过《我要看看世界》，并译过《打开

① 董宝良主编：《陶行知教育论著选》，人民教育出版社，1991年，第585页。

② 同上书，第586页。

眼睛看看》的诗，反映了他对解放儿童眼睛的期望。

第二，要解放儿童的头脑。陶行知认为，传统教育使儿童的创造力被固有的迷信、成见、曲解、幻想层层裹头布包缠了起来，束缚了他们的思维。而创造教育就要像撕下女子的裹脚布那样解开儿童的裹头布，使儿童头脑解放、思想贯通，从而产生信仰、产生力量，最终“使中华民族的创造力可以突围而出”。

第三，要解放儿童的双手。陶行知认为，传统教育的弊病是不允许儿童动手，“动手要打手心，往往因此摧残了儿童的创造力”。而创造教育则要像爱迪生的母亲那样，给孩子动手的机会。他曾经写诗勉励儿童：“人生两个宝，双手与大脑。用脑不用手，快要被打倒。用手不用脑，饭也吃不饱。手脑都会用，才算是开天辟地的大好佬。”[①] 把手脑并用作为创造活动的基本条件。

第四，要解放儿童的嘴。陶行知认为，在传统教育下，儿童往往讷言寡语，没有言论自由。大人说什么，小孩就听什么、做什么，从而无法使儿童的创造力得到健康的发展。而创造教育则主张准许并鼓励儿童发问，让他们得到言论的自由，特别是问的自由。陶行知在《每事问》中形象地肯定了解放儿童的嘴的意义：“发明千千万，起点是一问。禽兽不如人，过在不会问。智者问的巧，愚者问的笨。人力胜天工，只在每事问。”[②] 既然问是创造发明的出发点，是人与动物的分水岭，解放儿童的嘴就自不待言了。

第五，要解放儿童的空间。陶行知认为，传统教育是一只鸟笼，改良的学校只不过是有树、有假山的放大的鸟笼，培养儿童

---

① 董宝良主编：《陶行知教育论著选》，人民教育出版社，1991 年，第 669 ～ 670 页。
② 同上书，第 652 页。

用的是干咸菜的教科书，使他们的精神营养非常贫乏，视野非常狭窄。而创造教育则认为："要解放小孩子的空间，让他们去接触大自然中的花草、树木、青山、绿水、日月、星辰以及大社会中之士、农、工、商、三教九流，自由的对宇宙发问，与万物为友，并且向中外古今三百六十行学习。创造需要广博的基础。解放了空间，才能搜集丰富的资料，扩大认识的眼界，以发挥其内在之创造力。"

第六，要解放儿童的时间。陶行知认为，传统教育的考试制度"赶走了脸上的血色，赶走了健康，赶走了对父母之关怀，赶走了对民族人类的责任，甚至于连抗战之本身责任都赶走了。最要不得的，还是赶考把时间赶跑了"。学校占据了学生的全部时间，使儿童失去了学习人生的机会，养成无意创造的倾向，"到成人时，即有时间，也不知道怎样下手去发挥他的创造力了"。而创造教育主张，创造的儿童教育，首先要为儿童争取时间之解放，让他们有时间去观察，有时间去思考，有时间去动手，有时间去发问，有时间去接触生活。

陶行知先生在 1945 年曾扼要概括了这"六大解放"，认为这"六大解放"是发挥创造力的前提条件。他写道："解放眼睛，敲碎有色眼镜，教大家看事实。解放头脑，撕掉精神的裹头布，使大家想得通。解放双手，剪去指甲，摔掉无形的手套，使大家可以执行头脑的命令，动手向前开辟。解放嘴，使大家可以享受言论自由，摆龙门阵，谈天，谈心，谈出真理来。解放空间，把人民与小孩从文化鸟笼里解放出来，飞进大自然大社会去寻觅丰富的食粮。解放时间，把人民与小孩从劳碌中解放出来，使大家有点空闲，想想问题，谈谈国事，看看书，干点于老百姓有益的事，还要有空玩玩，才算是有点做人的味道。有了这六大解放，创造力才可以尽量发挥出来。”①

（三）小先生制

从 1931 年开始，生活教育运动的中心议题是普及教育。怎样才能使普及教育迅速发展？怎样才能解决师资不足的矛盾呢？陶行知从新安旅行团的成功受到了启发，从而提出了“小先生制”。1934 年，他在宝山县民众教育馆主办的民众教育服务人员训练班开学典礼上作了题为《小先生与民众教育》的演讲，对小先生制作了比较系统的论述。

陶行知指出：民众教育就是要把教育、知识变成空气一样，弥漫于宇宙，涤荡于乾坤，普及众生。空气是人人需要，人人不可缺少；教育也是人人需要，人人不可缺少。但要把知识变成空气，最好的办法莫过于小先生制。“小先生为什么能把知识变成空气一样的容易普遍呢？因为小先生便是小学生，他早上学了两个字，晚上便可以把这两个字拿去教人，此刻学了一件知识或一种技能，彼时即可以把这一件知识或一种技能拿去教别人，他不像大先生一样要领薪水。所以，我们可以不花经费把教育普及出去。”同时，小先生对于中国最难普及的女子教育，对于加强学校与家庭、社会的联系，对于克服民族的衰老惰性等，都具有特殊的意义。

陶行知还专门创作了《小先生歌》，用形象的语言称赞小先生的优越性。

---

① 江苏省陶行知教育思想研究会等编：《陶行知文集》，江苏人民出版社，1981 年，第 792 ～ 793 页。

我是小学生，变做小先生。
粉碎那私有知识，要把时代儿划分。

我是小先生，教书不害耕。
你没有功夫来学，我教你在牛背上哼。

我是小先生，看见鸟笼头昏。
爱把小鸟放出，飞向森林投奔。

我是小先生，这样指导学生：
“学会了赶快去教人，教了又来做学生。”

我是小先生，烈焰好比火山喷。
生来不怕碰钉子，碰了一根化一根。

我是小先生，爱与病魔斗争。
肃清苍蝇与疟蚊，好叫人间不发瘟。

我是小先生，填平害人坑。
把帝国主义推倒，活捉妖怪一口吞。

我是小先生，要与众人谋生。
上天无路造条路，入地无门开扇门。[①]

① 董宝良主编:《陶行知教育论著选》，人民教育出版社，1991 年，第 673 ～ 674 页。

在陶行知的大力推动之下，小先生制很快在国内大面积地推广，全国 23 个省份的部分地区都施行了小先生制，东南亚部分国家也采用了这种小先生制。为了更好地指导小先生的实践活动，陶行知不失时机地提出了“到底怎么做小先生”的问题。

一是找学生。“找学生”是小先生的第一课。由于是和学生第一次见面，说话不可以太随便，要通过恰到好处的讲话征服对方。所以，小先生对于每一句想说的话都要预先想一想：“这句话应该说吗？我为什么要这样说？”

二是课本要不要。文字是生活的符号，最好采用一种最为适合民众经常共同需要的课本，因为没有课本很难维持继续求进的兴趣。但小先生又不能死靠课本，“他必定要运用补充材料及临时材料，以适应特殊及当前生活之需要”。

三是识字与读文。识字并不是为识字而识字，只有把字组成课文，才使字有了意义，学起来也才有趣，“才算是真正达到识字的目的”。

四是活动材料。小先生开始教人识字读书可借助课本，才能引人不断上进。但也必须学会抓住各种机会，用生活中常见的事物做教材，效果更好。

五是留声机与无线电。“小先生和留声机或无线电是联合起来做了民众的一位音乐和国语老师”，由于运用了崭新的现代化教学手段，它更能激发兴趣，引人入胜。

六是图画书之功用。各种各样的图画书最能吸引民众的心灵，小先生必须设法多找一些图画书去指导学生，必要时可以自己制作剪报图画书。

七是知道什么教什么。小先生的任务不仅仅是教识字，而是

“能教什么就教什么”，“知道什么就教什么”，成为卫生小先生、科学小先生等多面手。

八是教人的时间。小先生每天教人不要超过半小时，如果费时太多，必难以持久。“每天教人半小时，是于人有益无损，于自己也有益无损。这样才能活到老，学到老，教到老，不致半途而废。”

九是不要摆架子。小先生要把学生当朋友看待，要了解他们的问题，体谅他们的困难，处处都显出你愿意帮助学生求学而没有一丝一毫的不耐烦，才能真正地留得住学生，受他们的欢迎。

十是虚心好学。小先生要用功求学，不但要向书本学，还要向自己的学生学，进行“有来有往”的教育。“你不但要忘记他是你的学生，并且要叫他忘记你是他的先生，这样，你才能做到一个进步的小先生。”

十一是教学生也做小先生。小先生的责任不单是教学生，而且是教学生做小先生和传递先生，养成“即知即传”的精神。

十二是小先生团。个人的力量小，团体的力量大。要把一个个的小先生组成“小先生团”，把每一个人的力量集合起来，使这力量向着共同的地方共同的目标发挥出去。

十三是一变二。小先生要通过访问、通信、总集合、巡回辅导、流通图书、互相参观等方式与学生联系。这样，“小先生团就可以一变二、二变四、四变八的繁殖出去，对于普及教育，自有很大的贡献”。

十四是盯住学生也让学生盯住自己。小先生要有恒心，虎头蛇尾是没有出息的，“即知即传”是一个终身的工作，不能把学生教了几天或几个月就丢掉，而应形成共同长进的关系，这是人类的一种宝贵的关系。[1]

小先生不仅在普及教育的运动中大显身手，也积极投入到生活、社会中去，随着时代的发展而前进。如陶行知在1936年撰写的《民族解放中小先生之使命》一文中，就要求小先生为解救国难作贡献。他写道："我们的小先生是在参加一个最伟大的学校。我们这个学校里有五万万先生，五万万学生，五万万同学，我们只有一门功课，这门功课就是民族解放运动。一切识字教育、科学教育都要以它做中心。等到一个真正的自由平等的中华民国创造成功，一切被压迫劳苦大众都有了好日子过，才算是毕业。全国的小先生！这是每一个小先生应该同负的新的使命。"

三　生活教育思想的价值

陶行知的生活教育思想在中国教育思想史上具有十分重要的地位。大众的教育，爱国的教育，创造的教育是其根本的价值所在。

生活教育是大众的教育。陶行知先生在阐述生活教育的特点时说："从真正的生活教育看来，大众都是先生，大众都是同学，大众都是学生。教学做合一，即知即传是大众的生活法，即是大众的教育法。总说一句，生活教育是大众的教育，大众自己办的教育，大众为生活解放而办的教育。"[2]可见，生活教育思想的基本立足点是大众，从劳苦大众的实际出发，为劳苦大众服务。它"不是摩登女郎的金刚钻戒指，而是冰天雪地下的穷人的窝窝头和破棉袄"。

① 陶行知：《怎样做小先生》，商务印书馆，1935年，第447～461页。
② 董宝良主编：《陶行知教育论著选》，人民教育出版社，1991年，第463页。

正因为生活教育是大众的教育，始终与大众的生活紧密地结合在一起，所以它为大众所接受，为大众所欢迎，而它的倡导者陶行知也才成为真正的“人民教育家”。

生活教育是爱国的教育。陶行知早在1923年给妹妹文渼的信中就说过：“我们生在此时，有一定的使命，这使命就是运用我们全副精神，来挽回国家厄运，并创造一个可以安居乐业的社会交与后代。这是我们对于千万年来祖宗先烈的责任，也是我们对于亿万年后子子孙孙的责任。”① 正是怀有如此强烈的爱国热情，有着挽救国家厄运、造福子孙万代的崇高理想，生活教育思想才有了取之不尽、用之不竭的力量源泉。在祖国生死存亡的危急关头，生活教育的倡导者总是及时调整新形势下的战略任务，把生活教育与国家的命运紧密地联系在一起。

生活教育是创造的教育。这不仅是由于生活教育的倡导者陶行知先生提出了创造教育的“六大解放”，而且在于生活教育思想本身的创造性。早在1919年，陶行知就说过：“在教育界，有胆量创造的人，即是创造的教育家；有胆量开辟的人，即是开辟的教育家，都是第一流的人物。”② 在评价新学制草案时，陶行知又以建筑为例，说明了教育最忌抄袭的理由。他说：“建筑最忌抄袭：拿别人的图案来造房屋，断难满意。或与经费不符；或与风景不合；或竟不适用；以后虽悔，损失已多。我国兴学以来，最初仿效泰西，继而学日本，民国四年取法德国，近年特生美国热，都非健全的趋向。学来学去，总是三不象。”③ 在教育思想上，他也主张应该在从

① 董宝良主编：《陶行知教育论著选》，人民教育出版社，1991年，第127页。
② 同上书，第48页。
③ 同上书，第92页。

前人的经验中吸取营养、对前人的学说加以改造的基础上进行创造。1946 年 6 月 14 日，陶行知在与柳湜的谈话中说："我的生活教育思想，大半都是从资产阶级、大地主以及老百姓中的启发而来的。自然，我的思想，不是抄袭他们的。他们有的只启发我想到某一面，有的我把它反过来，就变成了真理。有的是不能想出来的，是要群众动手才能看到。动手很重要。这个东西创造一切。"[①] 正是在这样的思想指导下，陶行知把杜威"教育即生活，学校即社会"的命题翻了半个筋斗，提出了"生活即教育，社会即学校"的思想；把王守仁"知为行之始，行为知之成"的观点倒了一个个儿，提出了"行是知之始，知是行之成"的主张，并把它作为"教学做合一"的教学认识论基础。他从儿子的读书悟出了连环教学法，从新安旅行团的经验创造了小先生制。最后，终于形成了独具特色的生活教育思想。

生活教育思想也是陶行知先生人格特征的一种精神渗透。著名经济学家、教育家钱俊瑞先生曾经这样评价他："陶先生的为人，是一个不可多得的和谐体。他严肃而认真，但又活泼而饶有风趣；他有高度的科学修养，同时有高度的艺术修养与创造力；胸襟宽达无垠，做事则严格细密；待人厚而责已严，物质生活极度简单，精神生活极度丰富；广博的世界知识与十足的中国气派；冰冷的理智与炽热的感情；对人民的爱与对敌人的恨；简要深刻的箴言与使人笑破肚子的诙谐。"[②] 这些人格特征从陶行知的教育论著中可以经常见到，尤其是他的教育诗歌，是中国教育思想史的宝贵财富。

---

① 潘冷云等著:《现代生活与现代教育——陶行知生活教育理论与教育实践的启示》，复旦大学出版社，1991 年，第 21 页。

② 钱俊瑞:《一代巨人陶先生》，载《解放日报》，1946 年 8 月 12 日。

他把深刻的教育哲理，通过形象、浅显的诗歌形式表达出来，使千千万万劳苦大众都能理解和接受，从而使生活教育理论拥有最广泛的群众、最广泛的读者，最终也实现了陶行知先生使教育走出书斋、走向生活、走进大众间的教育理想。

中国陶行知研究会会长朱小蔓在陶行知先生诞辰120周年纪念座谈会上曾经说：在中国历史上，不乏忧国忧民的教育家与“传道”“解惑”“修身”“明德”的教育学说，但是像陶行知先生这样将中华民族解放作为中国教育唯一目的，用思想与行动点燃中华民族生命之火焰，放出中华民族生命之光明的教育家却是仅有的。当然，作为一种教育理论，生活教育思想也并不是尽善尽美的，也具有一定的历史与时代的局限性。如它虽然把杜威的教育思想“翻了半个筋斗”，并具有生活教育自己的理论结构和特征，但在系统的知识传授和教师的主导作用，以及学校的作用等问题的认识上，有一定程度的重视不够。

陶行知的生活教育理论，充满了创造性的教育智慧，具有强烈的震撼力与感召力。生活教育理论酝酿于他从事新教育和平民教育运动的过程中，以后在长期的革命实践和教育实践中，又不断得到了发展。其理论的核心是主张教育为人民大众生活向前向上的需要，与社会生活实践和生产劳动密切联系。但是，他的生活教育，并不是杜威所说的只是适应资本主义社会生活需要而进行的改良的实用主义教育。后来的事实证明，这种教育思想虽然还有值得商榷的地方，但在半殖民地半封建的中国，它已经是达到了相当的高度，不仅对“五四”以后中国教育的发展产生了重要影响，而且它的许多观点和看法在今天仍有一定的理论价值，值得我们借鉴和进一步地研究。

第一章

我们深信教育是国家万年根本大计

导语

教育是立国之本，是兴国之器，是强国之基。中华文明历千年而愈兴，离不开尊师重教的优良传统。近代以来，中国人民从站起来、富起来，到强起来的伟大飞跃，离不开教育的磅礴力量。陶行知先生所在的年代，正是教育勇担救国使命之时。百年回眸，初心未改，先生之言，铿锵在耳。让我们重温先生“在中国教育里摸黑路所见着的几线光明”，接续奋斗，在新时代肩负起我们的责任。

改造国民的大责任

>> 教育是立国的根本。不过因为国体的不同，教育的趋势也就不一。共和国立国的要素，在国民有共同的目的，共同的了解，谋共同的利益。但是人们幼时的动机，常偏于自私自利一方面，吾们当怎样利用他，养成互助、团结、同情等好习惯和共同了解的机会，那就全靠教育。有人说：“吾国无国民。”这话未免太过。但细想，实际上有国民的资格的确是不多，所以教育在中华民国里更加重要。师范学校负培养改造国民的大责任，国家前途的盛衰，都在他手掌之中。

——《陶行知全集》第 1 卷，第 318 页

朱永新解读：

陶行知先生强调教育的意义，不仅仅是教育对于个人成长具有重要的意义，还在于教育对于国家和民族的重要价值，他认为教育是立国之本，是为了塑造具有良好素养的国民。他对有人批评我们“吾国无国民”的意见很是介意，但他也的确看到“实际上有国民的资格的确是不多”，所以决意要通过教育来改造国民性，在全社会养成互助、团结、同情等好习惯和共同了解的机会，而这一切，离开教育是不可能实现的。当然，陶行知先生关于“人们幼时的动机，常偏于自私自利一方面”，多少受了荀子“性恶论”的影响，按照当代思想家平克的理论，人性之中其实更多的是“善良的天使”。

教师的手里操着幼年人的命运，便操着民族和人类的命运

>> 办学和改造社会是一件事，不是两件事。改造社会而不从办学入手，便不能改造人的内心；不能改造人的内心，便不是彻骨的改造社会。反过来说，办学而不包括社会改造的使命，便是没有目的，没有意义，没有生气。所以教育就是社会改造，教师就是社会改造的领导者。在教师的手里操着幼年人的命运，便操着民族和人类的命运。

——《陶行知全集》第 2 卷，第 352 页

朱永新解读：

“在教师的手里操着幼年人的命运，便操着民族和人类的命运”。陶行知的这句话，与西方教育家“推动摇篮的手，就是推动世界的手”有异曲同工之妙。在陶行知先生看来，教育与改造社会不是两回事，而是一件事情。改造社会，必须从改造人心开始，必须从教育着手。如果办教育的人，没有改造社会的使命，便是没有目的、没有意义、没有生气。所以，我们的老师、校长和父母，不要眼睛只盯住分数，那样的格局就小了，那样的教育，方向就错了。

师范教育可以兴邦，也可以促国之亡

>> 师范教育可以兴邦，也可以促国之亡。好些师范学校只是在那儿教洋八股，制造书呆子。这些大书呆子分布到小学里去，又以几何的加速率制造小书呆子。倘使再刮一阵义务教育的大风，可以把书呆子的种子布满全国，叫全国的国民都变成书呆子……我们爱师范教育，我们更应爱全国的儿童和民族的前途。惟独为全国儿童和民族前途打算的师范教育才能受我们的爱戴。

——《陶行知全集》第8卷，第115—116页

朱永新解读：

陶行知先生一直认为，教育是立国之本，国家和民族的未来掌握在教师的手中，所以师范教育非常重要。从正面来说，师范教育可以帮助国家强大兴盛；从负面来说，师范教育可以使国家衰败灭亡。为什么呢？如果师范教育完全脱离现实，“只是在那儿教洋八股，制造书呆子”，这些师范教育培养的“大书呆子”毕业以后分布到各地的小学里去，“又以几何的加速率制造小书呆子”，如果“再刮一阵义务教育的大风”，就可以把书呆子的种子布满全国，叫全国的国民都变成书呆子。这样的恶性循环，不就是使国家衰败灭亡吗？所以，陶行知先生不断呼吁善待师范教育，尊重人民教师。

教育为制造社会需要之事业

>> 教育为改良社会而设，为教育社会人才而设。故学校非寺院岩穴也，教员非孤僧隐士也。夫既为社会而设，若与社会不相往来，何以知社会之需要？中国前此之弊，即在于此，亦我师范生所宜注意者也。

——《陶行知全集》第 1 卷，第 221 页

朱永新解读：

无论是杜威提出的学校即社会，教育即生活，还是陶行知先生提出的社会即学校，生活即教育，都强调了教育与社会的紧密联系。陶行知认为，教育的目的，就在于改变社会，在于通过培养优秀的人才来改良社会，这与寺院培养僧人是完全不同的。教育培养的人，要有强烈的社会责任感，要了解社会的需要，要参与社会的生活，这是教育，尤其是师范教育必须时刻注意的问题。

教育是国家万年根本大计

>> 我们深信教育是国家万年根本大计。我们深信生活是教育的中心。我们深信健康是生活的出发点，也就是教育的出发点。我们深信教育应当培植生活力，使学生向上长。我们深信教育应当把环境的阻力化为助力。

——《陶行知全集》第1卷，第74—75页

朱永新解读：

陶行知的老师杜威曾经写过一篇脍炙人口的《我的教育信条》。其中对什么是教育、什么是学校、教材、方法的性质、学校与社会进步等教育的基本问题进行了深刻的阐述。陶行知先生在办学校做教育的时候，也提出了《我们的教育信条》。他明确提出了教育的价值与意义，深信教育是国家万年根本大计；提出了教育的重点与关键，主张生活是教育的中心，健康是生活的出发点和教育的出发点。主张教育应当培植生活力，使学生积极向上，健康生长，同时要求教育应当把环境的阻力化为助力。

教育能造文化，造人，造国

>> 教育能造文化，则能造人；能造人，则能造国。今人皆云教育能救国，似觉国家已经破坏，从而补救，不如改为造国。造一件得一件，造十件得十件，以至千百万件，莫不皆然。贫者可以造福，弱者可以造强。若云救国，则如补西扯东，医疮剜肉，暂虽得策，终非至计。若云教育造国，则精神中自有趣味生焉，盖教育为乐观的而非悲观的也。

——《陶行知全集》第1卷，第219页

朱永新解读：

20世纪二三十年代，教育救国论一度非常流行，其基本主张是通过发展教育使人民由愚变智，使国家转贫为富、转弱为强，实现救亡图存。黄炎培、陶行知、梁漱溟等都被认为是教育救国理论的代表人物。但是，陶行知先生在这里用了“造国”来代替“救国”。他指出，说教育救国似乎有点悲观：“今人皆云教育能救国，似觉国家已经破坏，从而补救，不如改为造国”。既然称之为“造国”，就要从一件一件事情做起，这样让人看到希望，树立信心，“精神中自有趣味生”，这就是教育的乐观主义。

一个小学生之好坏，关系全村之兴衰

>> 一个小学生之好坏，关系全村之兴衰。国家设立小学，是要造就国民以谋全民幸福。因此，全民族的命运都操在小学教员手里。……所以小学教师之好坏，简直可以影响到国家的存亡和世运之治乱。

——《陶行知全集》第8卷，第159—160页

朱永新解读：

为什么陶行知说，一个小学生的好坏会直接关系到一个村子的兴衰？因为，在那个时代，小学生就属于很有学问的知识分子了，就是村子里很有文化很有素养的骨干了。一个村庄，有没有这样的人，是大不相同的。国家，是由一个又一个的村庄组成的，所以，把小学办好了，村庄就有希望了，国家也就有希望了。也正是在这个意义上说，“小学教师之好坏，简直可以影响到国家的存亡和世运之治乱”。

教育是立国的根本

>> 教育是立国的根本。不过因为国体的不同，教育的趋势也就不一。共和国立国的要素，在国民有共同的目的，共同的了解，谋共同的利益。

——《陶行知全集》第1卷，第318页

朱永新解读：

这是陶行知先生在《我们的教育信条》中的观点。教育是立国的根本，是国家发展的基础。同时，陶行知先生也清晰地看到，不同时代、不同国家、不同政体的教育，也有诸多不同。作为人民共同体的共和国，立国的基础是人民，是具有共同目标、共同愿景、共同语言、共同利益的共同体，所以，教育也应该围绕这个目标，帮助共和国的人民拥有共同的语言、密码、情感和愿景。

教育为公，以达到天下为公

>> 教育为公，以达到天下为公；全民教育，以实现全民政治。积极方面，我们要求教育机会均等，对人说，无论男、女、老、少、贫富、阶级、信仰，以地方说，无论远近、城乡都应有同等机会享受教育之权利。

——《陶行知全集》第 4 卷，第 490 页

朱永新解读：

天下大同，天下为公，有教无类，是中国古代知识分子的教育理想。但是，在封建社会，在等级森严的社会，这样的理想根本是不可能实现的。即使到了工业化的社会，义务教育的实施，教育机会的均等，也很难真正实现这样的理想。陶行知先生把西方普及教育的思想与中国古代“天下为公”的教育理想结合起来，提出了从教育的主体到教育的区域的平等化。在主体性方面，希望无论男女老少、贫富差异、阶级信仰，都能够接受均等的教育；在区域方面，无论远近距离、城市乡村，也都能够享有同等的教育机会。在 100 年前，能够有这样的思想，并且积极进行实践的探索，是难能可贵的。

教育能改良个人之天性

>> 教育能改良个人之天性。人之性情有善有恶，教育能使恶者变善，善者益善。……教育乃取恶性中之善分子，去善性中之恶分子。如开矿然，泥内含金，金内亦杂有泥。开矿者取泥内之金，去金内之泥，然后成为贵品。教育亦若是矣。

——《陶行知全集》第 1 卷，第 218—219 页

朱永新解读：

教育不仅对于国家发展具有重要的价值，对于人的发展也有重要作用。陶行知用开矿冶金来比喻教育，教育的过程，就是沙里淘金的过程，需要不断地“取泥内之金，去金内之泥，然后成为贵品”。对于人性来说，教育的过程就是不断地“取恶性中之善分子，去善性中之恶分子”，然后炼成善良的人性。陶行知既不是单纯的人性善论，也不是单一的人性恶论，而是人性有善有恶论的主张者，教育就是去恶存善，就是扬善惩恶的过程。

养成『自主』『自立』和『自动』的共和国民

>> 新教育的目的可分两项来说明：第一对于天然界，要使学生有利用他的能力。第二项目的，是对于群界要讲求共和主义，使人人都能自由守着自己的本分去做各种事业。一方面利用天然界，一方面谋共同幸福。新教育的目的，就是要养成这种能力，再概括说起来，就是要养成“自主”“自立”和“自动”的共和国民。

——《陶行知全集》第1卷，第266页

朱永新解读：

人与自我，人与自然，人与社会，是教育必须面对的三个根本关系。陶行知先生这里主要从培养“自主”“自立”和“自动”的公民的角度，阐述了如何对待自然、对待社会的问题。一方面，要学会利用好自然，在保护自然的前提下利用；一方面学会造福社会，让每个人尽力做好自己的事情，谋求共同幸福。而要处理好与自然界的关系和与社会的关系，前提是处理好与自我的关系，真正做一个“自主”“自立”和“自动”的人，一个具有独立人格和自主精神，积极主动而又自立自强的人。

第二章

捧着一颗心来，不带半根草去

导语

百年大计，教育为本；教育大计，教师为本。教师是人类历史上最古老的职业之一，也是最伟大、最神圣的职业之一。为天地立心，为生民立命，为往圣继绝学，为万世开太平，是中国古代知识分子的教育理想；捧着一颗心来，不带半根草去，是陶行知先生爱教育爱学生的拳拳之心。

当今世界，面对突飞猛进的新技术，面对五花八门的新问题，教育何为？工具终为“用”，价值方为“道”，唯守初心，方得从容。让我们像陶行知先生那样，心存敬畏，永怀赤诚，树立起正确的教育观、教师观、教学观，以“我将无我”之境，实现“不负时代”之大作为。

捧着一颗心来，不带半根草去

>> 捧着一颗心来，不带半根草去。你们抱着这种精神去教导小朋友，总是不会错的。

——《陶行知全集》第 8 卷，第 245 页

朱永新解读：

“捧着一颗心来，不带半根草去”，是陶行知先生最著名的格言之一，它是陶行知先生对自己的要求，也是对教师的期许。这里，其实是讲教育的非功利性，教师的奉献精神。我曾经对很多教师说，其实我们想带半根草去也无法带走，所以不要过分关注物质利益，而要注重精神追求。作为教师，作为与孩子打交道的教育工作者，应该铭记陶行知先生的教诲，把整个心灵献给孩子、献给教育。

四种教育家

>> 今世界上有四种教育家：一、政客教育家，藉教育以图政治上之活动；二、空想教育家，有空想而未能实行；三、经验教育家，以经验自居，不肯研究理论；四、科学教育家，则实用科学以办教育者。中国现在教育家只有政客、空想、经验三种，但教育以科学教育为最重要，故男女师范生当专心致志、抱定主义、以教育为专门职业，则何人不可几，何事不可为耶？

——《陶行知全集》第1卷，第220页

朱永新解读：

陶行知先生认为，世界上其实有四种教育家。第一种是所谓的“政客教育家”，这种人只想着升官发财，教而优则仕，“藉教育以图政治上之活动”；第二种是所谓的“空想教育家”，这种人只有嘴上功夫、笔下文章，理论一套又一套，但是根本不付诸行动，“有空想而未能实行”；第三种是所谓的“经验教育家”，这种人“以经验自居，不肯研究理论”，以不变应万变，拿着一张教育的旧船票，每天重复昨天的故事；第四种是所谓的“科学教育家”，这种人用科学的态度、科学的精神、科学的方法办教育，聚精会神，用心专一，理想坚定，这样的“科学教育家”自然能够逢山开路，遇水架桥，无所畏惧，一往直前。希望有更多的老师，能够做陶行知先生笔下的“科学教育家”。

于人有益，牛马也做

>> 朝朝暮暮，快快乐乐。
一生一世，到处奔波。
为了苦孩，甘为骆驼。
于人有益，牛马也做。

——《陶行知全集》第 7 卷，第 837 页

朱永新解读：

陶行知先生喜欢写教育诗，用朗朗上口、简单明了的语言，讲述教育的道理。这首诗是讲述一位甘于为学生奉献的教师形象。首先是享受教育的幸福，从早到晚，朝朝暮暮，都能够快快乐乐地享受和孩子们在一起的时光，不抱怨，不烦恼，把教育的每一天变成阳光灿烂的日子。其次是要有终身奉献教育的志向。选择了教育，就要把整个心灵献给教育，献给孩子，用一生的努力铸就辉煌，四处奔波。再次是要有不怕吃苦的骆驼精神。骆驼被称为“沙漠之舟”，它面对漫漫长路不知疲倦，耐力惊人，能在恶劣的沙漠环境中长途跋涉。有人说过，骆驼精神表现在两个方面，一是相信沙漠的另一边是绿洲，二是一步一个脚印地走向那片象征着希望的绿洲。为了孩子，为了造福人类，为了明天，教师再苦再累，也无怨无悔。

教育好比是火

>> 教育好比是火，火到的地方，必使这地方感受他的热，热到极点，便要起火。“一星之火，可以燎原”，教育有这样的力量。教育又好比是冰，冰到的地方，必使这地方感受他的冷，冷到极点，便要结冰。教育有力量可以使人“冷到心头冰到魂”。或是变热，或是变冷，都是变化。

——《陶行知全集》第 2 卷，第 352 页

朱永新解读：

陶行知先生的这段文字，讲了一个非常重要的道理：教育是变化人的事业。不仅是变化孩子和学生，父母和教师也在这“化人”的事业中发生变化。变化、成长、发展，是教育的题中之义与本质要求。所以，我们不要只想着如何去“化”自己的孩子和学生，只想着按照自己的意愿去改变和成就孩子和学生。如果你不能够在这个过程中很好地“化”自己，不能够与孩子和学生一起成长，你就不可能更好地“化”孩子和学生。

人生为一大事来

>> 人生天地间，各自有禀赋：为一大事来；做一大事去。多少白发翁，蹉跎悔歧路。寄语少年人，莫将少年误。自勉并勉同志。

——《陶行知全集》第7卷，第239页

朱永新解读：

曾经读过中国人民大学附中老校长的《人生为一大事来》一书。出处应该就是陶行知先生的这首诗。陶行知先生通过这首教育诗告诉从事教育的人，虽然每个人的能力有高低，禀赋有不同，但是，只要立下志向，为教育这件大事情好好努力，矢志不渝，就不会虚度光阴，蹉跎岁月，从而有一个无悔人生。

爱护青年人是最重要的事

>> 从前有一位国王拿着三个问题去问一位隐士说："什么人是最重要的人？什么事是最重要的事？什么话是最重要的话？"如果中国四万万阿斗要拿这三个问题垂问于我，我将毫不迟疑的回答说："青年人是最重要的人；爱护青年人是最重要的事；为青年人说的公道话是最重要的话。"

——《陶行知全集》第2卷，第157页

朱永新解读：

什么人是最重要的人？什么事是最重要的事？什么话是最重要的话？对于这三个问题，不同的人，会有不同的答案。但是，作为教育家的陶行知先生，毫不犹豫地把青年作为答案的正解。最重要的人是青年人，爱护青年人是最重要的事情，为青年人主持公道说的话是最重要的话。陶行知先生对于年轻人的爱护、关心溢于言表。其实，这也是我们普通教师和校长应该具有的人生态度。如果真正能够把孩子们，把学生放在最重要的位置，心里面真正一直想着他们，我们还有什么事情做不好呢？

>> 普通学问方面，至少须学哲学、文学、近世文化史、科学精神与方法、社会问题、经济学、美术等课。这种学问一来能使目光远大，二来能使同情普遍。因教育是一种永久事业，非目光远大不足以立百年之基；教育又是一种社会事业，非同情普遍，不足以收共济之效。

——《陶行知全集》第 1 卷，第 304 页

朱永新解读：

陶行知先生认为，教育是一个永恒的事业，长远的事业，所以不能够鼠目寸光，只看到眼前一点小利益，要用百年树人的情怀做教育。教育又是一个培养人的社会事业，不能够目中无人，要用同情心共情力做教育。因此，在设计学习的内容时，也要有远大的眼光，济世的情怀。他特别提出了要让学生学习哲学、文学、近代文化史、科学精神与方法、社会学、经济学、美术等。看得出，陶行知对与人的生活、生命相关的人文类课程给予了特别的重视。

>> 我们的信条

我们深信教育是国家万年根本大计。

我们深信生活是教育的中心。

我们深信健康是生活的出发点，也就是教育的出发点。

我们深信教育应当培植生活力，使学生向上长。

我们深信教育应当把环境的阻力化为助力。

我们深信教法学法做法合一。

我们深信师生共生活，共甘苦，为最好的教育。

我们深信教师应当以身作则。

我们深信教师必须学而不厌，才能诲人不倦。

我们深信教师应当运用困难，以发展思想及奋斗精神。

我们深信教师应当做人民的朋友。

我们深信乡村教师应当做改造乡村生活的中心。

我们深信乡村教师应当做改造乡村生活的灵魂。

我们深信乡村教师必须有农夫的身手，科学的头脑，改造社会的精神。

我们深信乡村教师应当运用科学的方法去征服自然，美术的观念去改造社会。

我们深信乡村教师要用最少的经费办理最好的教育。

我们深信最高尚的精神是人生无价之宝，非金钱所能买得来，就不必靠金钱而后振作，尤不可因钱少而推诿。

我们深信如果全国教师对于儿童教育都有“鞠躬尽瘁，死而后已”的决心，必能为我们民族创造一个伟大的新生命。

——《陶行知全集》第 1 卷，第 75 页

朱永新解读：

陶行知的老师杜威曾经专门写过《我的教育信条》一书，对他的教育主张进行了深入阐述。民国十五年（1926 年）十一月二十一日中华教育改进社特约乡村学校——江宁县教育局管辖燕子矶小学、尧化门小学、巴斗山小学、江苏省立明陵小学——教职员在明陵小学开第一次联合研究会时，通过了以上的信条。虽然是以全体会员通过的名义发表，但的确是陶行知先生亲自起草，也代表了他关于教育的价值、教育的原则、教育的方法、教师的素质、乡村教师的成长等基本主张。1. 教育对于国家和个人具有重要的价值，是国家万年根本大计；2. 生活是教育的中心，健康是生活和教育的出发点，教育应当培植生活力，使学生向上长；3. 教法学法做法合一，师生共生活，共甘苦，为最好的教育；4. 教师应当对儿童教育有“鞠躬尽瘁，死而后已”的决心，以身作则，学而不厌、诲人不倦，运用困难以发展思想及奋斗精神，做人民的朋友；5. 乡村教师应当做改造乡村生活的中心和灵魂，必须有农夫的身手、科学的头脑、改造社会的精神，运用科学的方法去征服自然，用美术的观念去改造社会，用最少的经费办理最好的教育；6. 最高尚的精神是人生无价之宝，不必靠金钱而后振作，不可因钱少而推诿。

“学而不厌，诲人不倦”，在陶行知先生看来，教师的以身作则主要体现在八个字上。这八个字是孔老夫子的名言，也是他对教师的基本要求。学而不厌，就是要不断地学习，对未知世界充满好奇，不断探索，不厌其烦。诲人不倦，就是要对学生有充分的耐心，充满热情地对待每一个学生。在陶行知先生看来，学而不厌是诲人不倦的基础。同时，他希望教师有克服困难的勇气，有对儿童教育“鞠躬尽瘁，死而后已”的决心，这样，才能够全身心地投入到教育事业中来，为我们伟大的民族创造新的生命。

共和与教育

>> 吾于共和之险象，既已详言之矣。然戒险防险，思所以避之，则可；因畏险而灰心，则大不可也。避之之道唯何？曰：人民贫，非教育莫与富之；人民愚，非教育莫与智之；党见，非教育不除；精忠，非教育不出。教育良，则伪领袖不期消而消，真领袖不期出而出。

——《陶行知全集》第 1 卷，第 189 页

朱永新解读：

这段文字，也是陶行知关于教育功能与价值的基本主张。他认为，中国社会的诸多问题，都要从教育中去寻找原因，也要通过教育去解决。贫困的问题，愚昧的问题，政治偏见的问题，忠诚品质的问题，领袖素质的问题等，都是如此。要通过教育，让人民富裕起来；通过教育，让人民聪明起来；通过教育，消除政治的偏见；通过教育，培养忠诚的品质；通过教育，培养真正的优秀领导人。一句话，通过教育，防止国家陷入危险的境地，建设一个更加民主、开放、富裕的国家。

实现文化为公，天下为公

>> 我们要虚心，虚心，虚心：承认我们一无所知，一无所能。我们要学习，学习，学习：达到人所不知，人所不能。我们要贡献，贡献，贡献：实现文化为公，天下为公。

——《陶行知全集》第4卷，第25页

朱永新解读：

这是陶行知对校长们说的，也是他对老师们说的。虚心使人进步，骄傲使人落后。只有承认自己的无知，才能虚心地去学习新知；只有承认自己的无能，才能虚心地去锻炼能力。所以，有了虚心的态度，就要不断学习，陶行知先生连续用了三个虚心，三个学习，不是简单地加强语气，而是唤醒校长和老师的学习热情，让他们知道学习的意义。虚心、学习本身不是最终的目的，最终的目的是贡献，是把学到的知识和能力奉献给国家，奉献给人民，奉献给孩子们，实现文化为公、天下为公的理想。

要有好的学校，先要有好的教师

>> 要有好的学校，先要有好的教师。好的教师有生成的，有学成的。生成的天才不可多得，简直凤毛麟角，恐怕一百万位乡村教师当中，有九十九万九千九百位是要用特殊的训练把他们培养成功的。有了好教师，就算是好的乡村学校；好的乡村学校，就是改造乡村生活中心。

——《陶行知全集》第 2 卷，第 277 页

朱永新解读：

“要有好的学校，先要有好的教师”，这是教育的常识，但是，就像“幸福比成功更重要，成人比成才更重要”一样，许多常识没有成为全社会的共识。陶行知办教育的基本逻辑是按照这个常识的，也就是说，要办好学校，就要有好老师；要有好老师，就要办好师范学校。“要想小学办得好，先要造就好教师；要想造就好教师，先要造就办师范学校造就教师的教师。”他认为，虽然也有天才的教师，那种人天生具备教师的才华和潜质，但是这样的人不可多得，凤毛麟角，不到百分之一，“一百万位乡村教师当中，有九十九万九千九百位是要用特殊的训练把他们培养成功的”。既然如此，我们还是要下苦功夫，好好办好师范学校，尤其是乡村师范学校，培养好乡村教师队伍，这是改造乡村社会的基础。

教学生变成先生

>> 师范教育是什么？教学生变成先生。先生是什么？自己会变而又会教人变的是先生。师范生不是别的，是一个学变先生的学生。

——《陶行知全集》第2卷，第479页

朱永新解读：

这段文字有三层含义。第一，讲述了师范教育的使命，也就是说，师范教育是培养教师的事业，是教学生成为教师（教学生变成先生）的事业。第二，讲述了教师职业的使命，也就是说，教师是“自己会变而又会教人变”的人，所谓“自己会变”，就是说教师是自己能够不断成长，不断发展，不断变化，“苟日新，日日新”的成长型教师。所谓“会教人变”，就是说教师要具备让学生不断成长、不断发展、不断变化的本领。第三，讲述了师范生的使命，也就是说，师范生是一个从学生变成先生，从变化中成长中的学生蜕变为变化中成长中的教师的过程。成长、变化、发展，永远是学生和教师的共同主题。

金钱主义，最足破坏教师职业的尊贵

>> 教师聘任之根据：

1. 中国中等以上学校，教师以一人兼任数校功课的很多，以致教师与学校的关系不能密切；学生对于教师亦失相当的敬仰。故学校通例，教师不宜兼他校功课。

2. 中国中等以上学校聘任教师，多以钟点计算，故大家希望多分钟点，敷衍教授。欲矫此弊，宜定专任薪水标准；使每人所得，足供生活之要求。并定每周担任钟点限度，以免劳逸不均之现象。

3. 教师的服务精神，系教育的命脉。金钱主义，最足破坏教师职业的尊贵。

——《陶行知全集》第1卷，第334页

朱永新解读：

看来，兼课补课的问题，不是现在才有的。金钱至上的问题，也不是今天才发生的。在陶行知的时代，中学教师以上是可以多校兼课取薪的。但是，陶行知对这样的做法并不认同。他认为，这样的做法弱化了教师与学生的联系，弱化了教师与学校的关系，不利于教育事业的发展。所以，他主张“教师不宜兼他校功课”。这就需要改革教师的薪酬制度。陶行知也提出了具体的改革设想，那就是取消中小学的按课时计酬的做法，改为专任薪水标准，使每位教师的收入，能够“足供生活之要求”，足以过体面的生活。同时明确相应的基本工作量。当然，保障教师的权益，与倡导教师的服务精神并不矛盾，因为，只有教师的服务精神，才是真正的“教育的命脉”，“金钱主义，最足破坏教师职业的尊贵”。陶行知先生这些文字，至今仍然振聋发聩，值得我们每一位教师认真阅读。

当教师需要园丁的智慧

>> 我们当教师的实在需要园丁的智慧。晓庄不但是不要把个个学生造成一模一样，并且也不愿他们出去照样画葫芦。晓庄同志要创造和晓庄大不同的学校才算是和晓庄同，才算是第一流的贡献，才算是有些成功。

——《陶行知全集》第 2 卷，第 456 页

朱永新解读：

教育是农业，不是工业。这是叶圣陶、陶行知等许多民国时期教育家的共识。所以，教育不应该按照工业生产的方式培养人才，按照标准化的、流水线的方式制造人才。尤其是师范教育，作为培养人的学问，培养教师的场所，更加不应该人云亦云，照葫芦画瓢，而应该具有园丁的智慧，按照每个人的个性去塑造学生。晓庄培养的学生也是如此，只有不同，才能达到大同，只有差异，才能创造卓越。第一流的贡献，就是标新立异的创造。

创造出值得自己崇拜的人

>> 教师的成功是创造出值得自己崇拜的人。先生之最大的快乐，是创造出值得自己崇拜的学生。说得正确些，先生创造学生，学生也创造先生，学生先生合作而创造出值得彼此崇拜之活人。

——《陶行知全集》第 4 卷，第 3 页

朱永新解读：

教师与学生是互相创造、彼此成就的。其实，父母的成功何尝不是创造出值得自己崇拜的孩子呢？我们经常听到这样一句话：“要钱干什么？养儿胜过父。”一代更比一代强，这是时代发展的要求。在每个家庭，也是父母的希冀。

但是，许多父母经常曲解了这段话的真意。他们喜欢把自己的愿望强加给自己的孩子，喜欢让孩子替自己实现曾经没有实现的梦想，喜欢用孩子的成功装点自己的门面。

所以，最好的父母应该是与孩子一起成长的父母，父母创造孩子，孩子也创造父母，父母与孩子一起合作共同成长，才是家庭教育的最高境界。

重师首在师之自重

>> 农不重师，则农必破产；工不重师，则工必粗陋；国民不重师，则国必不能富强；人类不重师，则世界不得太平。但是要人敬的必先自敬。重师首在师之自重。

——《陶行知全集》第 3 卷，第 26 页

朱永新解读：

2000 多年前的荀子曾经说过，“国将兴，必贵师而重傅，贵师而重傅，则法度存”。一个国家的文明程度和发展水平，在很大程度上取决于这个国家最优秀的人才是否能够成为教师，取决于教师职业能否得到真正的尊重。只有最优秀的人才做教师，才能培养出最优秀的学生；而只有全社会尊重教师，才能吸引最优秀的人才做教师。所以，陶行知先生说，如果农业不重视教师，农业就会破产；工业不重视教师，工业就会粗制滥造；国民不重视教师，国家和人民就不会富强；人类不重视教师，则世界就不会太平。但是，作为教师来说，“要人敬的必先自敬。重师首在师之自重”。也就是说，教师首先要自己尊重自己，学为人师，行为世范，才能赢得世人的尊重。

创造真善美的活人

>> 教育者不是造神，不是造石像，不是造爱人。他们所要创造的是真善美的活人。真善美的活人是我们的神，是我们的石像，是我们的爱人。

——《陶行知全集》第 4 卷，第 3 页

朱永新解读：

教育是一个培养人的活动。但是，教育培养的人，不是远离社会生活、不食人间烟火的“神”，也不是没有感情、让人顶礼膜拜的石像，更不是我们的“爱人”。教育，要创造的是具有真善美品格的“活人”。自然，这个活人，应该是食人间烟火、有知识有感情、能审美能劳作的活人。这样的具有真善美品格的活人，自然也会成为我们心中的神、我们膜拜的石像、我们可以托付终身的爱人。

>> 教育为师范生终身之事业。

现在为教师者，男则因赋闲无事，遂暂为之；女则因尚未适人，而暂为之。事既得，家既成，则远翔而不顾……教育中亦有害虫，教师之责，所宜驱除，岂可以暂为……故鄙人今亦有二语告于诸君，即男师范生应以教育为之妻，女师范生应以教育为之夫，有此定力，则赴汤蹈火，在所不辞，鞠躬尽瘁，死而后已。吾身不成，吾子绍之；吾子不成，吾孙绍之；子子孙孙，世世代代，相续无间，海可枯而吾之志不可枯，石可烂而吾之志不可烂。

——《陶行知全集》第1卷，第221—222页

朱永新解读：

陶行知的这段文字是针对当年教师队伍的问题提出来的。他发现，许多当教师的人，并不是因为热爱教育事业而来的。其中不少男教师，是因为一下子找不到合适的职业而暂时为之；不少女教师，是因为没有找到合适的人嫁出去而暂时为之。这样，把教师职业作为人生某一时期的权宜之计，当然是不可能有教育的长远打算的。陶行知希望，作为教师，一定要铁下心来从教，男教师要把教育当作自己的妻子，女教师要把教育当作自己的丈夫，坚贞不渝、不离不弃，赴汤蹈火、在所不辞，鞠躬尽瘁、死而后已。而且，要有献了青春献子孙的精神。现在，我们的许多教师不让自己的孩子接班做教师，与教师职业的吸引力固然有关，也与我们对于教育的理解和信念有关。

必得有个理想的社会悬在心中

>> 大凡小学教员，没有改造社会的精神，便是很枯燥无味的。乡村教师与未来的乡村教师，心里都应当有一个“理想的社会”。

教员的天职是变化，自化化人。虽然不容易学孙悟空的七十二变，但是至少要看重变化。普通许多做教员的，都是不得已而为之，这种心思我们应该着实革除！无论什么人，一说到当教员，必得有个理想的社会悬在心中。

——《陶行知全集》第 2 卷，第 12—13 页

朱永新解读：

教育是一个理想的事业。教师的胸怀决定了教师的格局。如果只看到自己眼皮底下的空间，教师是走不远的，也不会觉得教师职业有什么价值。但是，教师如果有足够开阔的视野，如果有理想社会的愿景，如果有改造社会的勇气，他就会看见教育的未来，就会为了未来而改变自己，提升自己，发展自己。这就是宋代教育家张载所说的那样，志大则才大，事业大；志久则气久，德性久。

从大彻大悟中形成信仰而生出力量

>> 一个教育者的重要任务，是把自己和学生的成见、武断、私心、偶像心理、公式主义、教条主义从头脑里肃清出去，并把客观环境与头脑之间的门户开得好好的，使得真理可以清楚而正确的反映出来。这种反映的收成，便是从大彻大悟中形成信仰而生出力量。

——《陶行知全集》第 4 卷，第 374 页

朱永新解读：

教育是需要信仰的，大彻大悟的信仰，能够成为支持人们勠力前行的精神力量。拥有这样的力量，需要我们摆脱小肚鸡肠的私心，摆脱鼠目寸光的狭窄，需要“把自己和学生的成见、武断、私心、偶像心理、公式主义、教条主义从头脑里肃清出去”，需要有更加开放的心态，需要更加清醒的认识。

不懂科学的人不能做教师

>> 自然科学是开向理想世界去的特别快车……从农业文明渡到工业文明，自然科学是惟一的桥梁。小学教师必须拿着科学的火把引导儿童过渡。不懂科学的人，不久便不能做教师了。

——《陶行知全集》第 2 卷，第 153 页

朱永新解读：

为什么陶行知先生说不懂科学的人不能够做小学教师？因为小学阶段是人一生发展的关键阶段，是人的认知风格、行为习惯、个性品格形成的重要时期。小学生好奇心强，如果教师一问三不知，就会让孩子的求知欲受到挫伤。学生们不会因为你是语文老师就不问你科学的问题，在孩子们的眼里，老师就是百科全书，就应该是问不倒的人。而自然科学本身在人类社会发展中又是如此重要，“是开向理想世界去的特别快车”，我们的老师，还是要好好学习，不断拓宽自己的知识面。

教员最重要的精神，是求事业能力的长进

>> 学界中人既不能人人享受暑假利益，而暑假的风俗习惯又不能打破，那就要因时制宜，想些别的法子来解决这个问题。暑假学校的优点：

（一）功课没有学足，或是虽学足而未学好的学生，可以乘此补习。

（二）施行选科制的学校，大都只问程度，不拘年限，那爱惜光阴的学生，就可在夏天加读几门功课，早些完毕，使那人生必需的学问，可以早些立定基础。

（三）教员最重要的精神，是求事业能力的长进，要把我们的教材教法一天长进一天。否则年年卖旧货，还有什么意味呢？

——《陶行知全集》第1卷，第294页

朱永新解读：

学校为什么要放寒暑假？而且暑假一放就是两个月？这是一个需要好好分析研究的问题。这里我们不讨论寒暑假的合理性，而是讨论如何利用寒暑假帮助教师提升自己的素养。陶行知先生认为，对于教师来说，最关键的是要保持事业能力的长进，保证教材教法的“一天长进一天”，不能够年年“卖旧货”，拿着一张教育的旧船票，每天重复昨天的故事。当然，对于学生来说，如何利用假期，针对自己学习的特点，加油充电，夯实基础，发展个性，也是需要认真考虑的问题。

先生不应该专教书

>> 我的主张是：有书读的要做事，有事做的要读书。先生不应该专教书，他的责任是教人做人。学生不应当专读书，他的责任是学习人生之道。我要你们做有知识、有实力、有责任心的国民，不要你们做书呆子。

——《陶行知全集》第 8 卷，第 123 页

朱永新解读：

读书，做事，做人，应该是一个有机的整体，不可偏废。所以，陶行知主张，读书的人要注重做事情，而有事情做的人也要好好读书。他反对培养书呆子的教育，反对只会读书不会做事做人的书呆子。因此，教师的职责就不是眼睛只盯住分数，只教人读书拿高分，不教学生做事做人，掌握人生之道的教书匠。教师和学生，都应该成为“有知识、有实力、有责任心的国民”，而不是只会坐而论道的书呆子。

甘心情愿跟你的学生做学生

>> 你只须承认小孩有教你的能力，你不久就会发现小孩能教你的事情多着咧；只须你甘心情愿跟你的学生做学生，他们便能把你的“思想的青春”留住，他们能为你保险，使你永远不落伍。

——《陶行知全集》第 3 卷，第 383 页

朱永新解读：

蒙台梭利曾经说过，“儿童是成人之父”，孩子是成人的老师。我国唐代的教育家韩愈也说过，弟子不必不如师，师不必贤于弟子。其实，说的都是教师应该向学生学习的意思。陶行知先生更加旗帜鲜明地强调了这一点，希望教师和父母都能够清晰地看到，“小孩有教你的能力”。为什么小孩能够教父母和老师呢？因为小孩有宝贵的童心，有未被污染的人格，有不受拘束的想象力，有“思想的青春”，这些都能够为成人的生活注入活力，“使你永远不落伍”。也正是基于这样的考虑，陶行知先生的教育方法中，有一个绝招——“小先生制”。其实，小先生制不仅仅是学生教学生的，也是可以学生教先生、孩子教父母的。教学相长，乃教育之真谛也。

还有一位最伟大的老师，就是老百姓

>> 配做我们的先生的人要具有两种资格：一、有真知灼见而无偏见。二、敢说真话、不说脏话。此外，我们应该崇拜两种素来没有想到过的老师：一、我们应该跟我们的学生学习，不拜儿童做先生，就做不好先生。……二、还有一位最伟大的老师，就是老百姓。

——《陶行知全集》第 4 卷，第 540—541 页

朱永新解读：

智慧在民间，田野有高手。陶行知先生不仅重视向学生学习，也强调向老百姓学习。他认为，老百姓也是“最伟大的老师”。尤其是那些“有真知灼见而无偏见”，而且“敢说真话、不说脏话”的老百姓，更应该成为我们学习的老师。孔老夫子说，“三人行，必有我师焉。择其善者而从之，其不善者而改之”。只有这样时时处处用心学习，教师才能不断超越自我，不断成长。

认定教育是大有可为的事

>> 新教员不重在教，重在引导学生怎么样去学。对于教育，第一，要有信仰心。认定教育是大有可为的事，而且不是一时的，是永久有益于世的。不但大学校高等学校如此，即使小学校也是大有可为的。

——《陶行知全集》第1卷，第270页

朱永新解读：

教师应该有教育的信仰，有教育的信心。应该坚信教育的力量、教育的可能。要“认定教育是大有可为的事，而且不是一时的，是永久有益于世的”。新教育实验有一个基本观点，也是强调无限相信师生的潜力。这样的信仰和信心，其实就是教育的基本理念：相信孩子，相信教育，相信自己。把这样的信仰、信心、理念教给我们的教师和学生，他们就能够有前行的力量。

以学生为中心

>> 教育者，乃为教养学生而设，全以学生为中心，故开办学校、聘请教师，无一非为学生也。若无学生，焉有学校？既无学校，焉有教师？然则教师与学生，焉可无同情耶？同情谓何？即以学生之乐为乐，以学生之忧为忧；学生之休戚即我之休戚，学生之苦恼即我之苦恼是也。

——《陶行知全集》第1卷，第221页

朱永新解读：

传统教育，是以教师、教材、教室为中心的，是教师以教材为依据，在教室里实施教育。这样做，其实是本末倒置的。作为杜威的学生，陶行知深谙教育应该以学生为中心的原理。他指出，教育是为了教养学生而产生的，所以，必须以学生作为教育的中心，作为教育的出发点和归宿。无论是开办学校还是聘请教师，都是围绕学生展开的。没有学生，就没有教师，也不需要学校。也正是由于这个原因，教师应该“以学生之乐为乐，以学生之忧为忧；学生之休戚即我之休戚，学生之苦恼即我之苦恼”，真正地与学生成为学习的共同体、命运的共同体。

让孩子现出各人本来之美

>> 晓庄不是别的，只是一个“人园”，和花园有相类的意义。我们愿意在这里面的人都能各得其所，现出各人本来之美，以构成晓庄之美。如果要找一个人中模范教一切人都学成和他一样，无异于教桃花、榴花拜荷花做模范。

——《陶行知全集》第 2 卷，第 456 页

朱永新解读：

教育的最高境界是让每个孩子成为他自己，把他的潜力充分地挖掘出来，把他的个性充分地张扬出来。而不是用统一的考试、统一的评价，把本来具有无限多样性可能性的人培养成为单向度的人。

所以陶行知说：“我们当教师的实在需要园丁的智慧。晓庄不但是不要把个个学生造成一模一样，并且也不愿他们出去照样画葫芦。……晓庄同志要创造和晓庄大不同的学校才算是和晓庄同，才算是第一流的贡献，才算是有些成功。”

所以，我们的父母和教师，不要拿你的孩子与别人的孩子攀比。如果你的孩子是桃花，就让孩子在春天姹紫嫣红，不要要求孩子成为夏日之荷。各人本来之美，才是真正的大美，才是能够为孩子带来幸福的大美。

怎样做到即知即传？

>> 怎样做到即知即传？这要靠三种力量：一是运用教育的力量叫人高兴教人，高兴求学。二是运用经济的力量，叫人可以教人，可以求学。三是运用政治的力量，叫人不得不教人，不得不求学。

——《陶行知全集》第3卷，第266页

朱永新解读：

即知即传人，是陶行知“小先生”制的重要理念，把学到的东西及时教给别人。即知即传的方法，在教育中具有双重效益，一是让更多人得到了教育，掌握了知识。尤其是在陶行知的时代，文盲半文盲还非常多的情况下，有助于知识的普及。二是让自己更牢固地掌握知识。研究表明，巩固记忆、学习新知最有效的办法，就是把这个知识讲述给别人。只有理解的东西，才能讲得深入浅出，让别人一听就懂，否则就是以其昏昏使人昭昭。怎样即知即传，陶行知主张用教育的理论、经济的力量和政治的力量三种路径，教育的力量激发内在动机，让人高高兴兴地教人和求学；经济的力量调动外在积极性，因为有奖励和利益的机制；政治的力量带有强制性，逼迫大家即知即传，分享知识。

尽教师的天职

>> 你若把你的生命放在学生的生命里，把你和你的学生的生命放在大众的生命里，这才算是尽了教师的天职。

——《陶行知全集》第3卷，第384页

朱永新解读：

教师的天职在哪里？教师的天命是什么？陶行知先生认为，关键是能够把自己的生命与学生的生命联系起来，把自己的生命与大众的生命联系起来。什么叫把自己的生命放在学生的生命里？就是要把发展学生的生命，拓展学生生命的长宽高作为教育的最高目标。什么叫把自己的生命和学生的生命放在大众的生命里？就是要把改善大众的生活和提升大众的生命质量作为教育的最高目标。这就是教育的使命，这就是教师的天职。

读书要当作教书读，求学要当作教学求

>> 不要名，不要利，只要教育好；不怕难，不怕死，只怕教育不好。师范生乃负此志者，故与别种学生不同。读书要当作教书读，求学要当作教学求。蚕食桑叶，消化而吐出能为锦绣之丝；师范生求学，亦当融会贯通而吐出有益于人之事业也。

——《陶行知全集》第 1 卷，第 222 页

朱永新解读：

陶行知对于教师的要求非常之高，希望教师能够一不要名，二不要利，只要能够把教育办好；一不怕难，二不怕死，只怕不能够把教育办好。现在看来，让教师不要名利有点脱离现实，关键是能否不畏浮云遮望眼，不把名利放在学生的利益之上，放在教育事业之上。作为未来的教师，师范生应该有“读书要当作教书读，求学要当作教学求”的精神。也就是说，师范学生在读书的时候要想到教书，现在的读书是为了将来的教书；在探索学问的时候要想到未来的教学。“蚕食桑叶，消化而吐出能为锦绣之丝”，把日常点滴学习的积累运用到日后的教育工作中去。

第三章

教育要有试验的精神

导语

陶行知先生认为，试验是教育常新之源。于彼时的中国而言，非试验的教育方法，不足以达救国之目的也。一如张謇兴实业以救国、鲁迅事文学以救国，陶行知先生发起生活教育之根本宗旨亦在于通过教育改造国民性、改造旧中国。我们教育工作者学习陶行知先生，也应像先生那样知行合一，成为“行动着的思想者，思想着的行动者”，因为无论是行动中验证的思想，还是思想中催生的行动，都必然更有生命力。

教育要有试验的精神

>> 我们在教育界任事的人，如果想自立，想进步，就须胆量放大，将试验精神，向那未发明的新理贯射过去；不怕辛苦，不怕疲倦，不怕障碍，不怕失败，一心要把那教育的奥妙新理，一个个的发现出来。这是何等的魄力，教育界有这种魄力的人，不愧受我们崇拜！

——《陶行知全集》第1卷，第21页

朱永新解读：

作为受过正规教育训练的陶行知先生，非常重视科学实验对于教育的意义。他认为，真正的发明创造，应该来源于试验（教育实验）。“发古人之未发，明今人所未明，皆试验之力量也。”所以，他希望教育行政部门和校长，应该给老师以试验的空间，否则就不能够有新的创造、新的探索、新的成绩。

严格来说，教育又不能够随便把孩子作为试验品。因为，生命具有唯一性。所以这里讲的试验，其实是主张给教师和父母选择的可能、探索的空间。因为，要找到打开每个孩子心灵的钥匙，需要寻找，需要时间，需要尝试。

无论是家庭教育还是学校教育，都要发挥试验的精神，父母和教师不要被思维定势框死，认准一个死理，而要不断改进提升自己的教育水平，不断寻找最合适自己孩子的教育方法。

教育之新旧，视乎研究

>> 夫国之盛衰，视乎教育；而教育之新旧，视乎研究。守陈法而不革，拘固步而自封，则亦造成旧国，不适于新势而已。……惟有以科学之方，新教育之事，庶几可耳！

——《陶行知全集》第 1 卷，第 236 页

朱永新解读：

陶行知先生认为，国家的盛衰强弱在于教育，教育的盛衰强弱在于研究。这样，他就把教育科学的研究与国家的兴衰强弱联系起来了。为什么这样说呢？因为“惟有以科学之方，新教育之事”，才能助力国家的发展。也就是说，只有教育科学研究，才能不断创新，不断成长，不断进步，如果固步自封、因循守旧，教育就会停滞不前，国家也会无法发展。

新字的第一个意义要『自新』

>> 我们中国的教育，倘若忽而学日本，忽而学德国，忽而学法国、美国，那是终究是无所适从。所以新字的第一个意义要“自新”。今日新的事，到了明日未必新；明日新的事，到了后日又未必新。即如洗澡，一定要天天洗，才能天天干净。这就是日日新的道理。所以新字的第二个意义要“常新”。又我们所讲的新，不单是属于形式的方面，还要有精神上的新。这样才算是内外一致，不偏不倚。所以新字的第三个意义要“全新”。

——《陶行知全集》第1卷，第266页

朱永新解读：

教育需要不断创新，但是更要不忘初心。教育需要不断改革，但是不能盲目乱变。今天一个口号，明天一个主义；今天学习欧美，明天学习日本。如此，则会无所适从，杂乱无章。所以，教育的创新，首先需要的是有“自新”的精神。自新，不是跟风的“新”，而是发自内在的超越，是“苟日新，日日新”的不断改进，不断超越自我。在这个基础上的新，就是“常新”，是精神上的“新”，而不是形式上的“新”。达到了这个境界，就是所谓的“全新”了。一句话，自新、常新、全新，是不忘初心基础上的自我超越，是精神层面的自强不息。

各尽所能，各学所需，各教所知，各得其所的教育

>> 今后的新教育，必定达到各尽所能，各学所需，各教所知，各得其所的理想，才算是民有、民治、民享的教育成了功。

——《陶行知全集》第11卷，第671页

朱永新解读：

在陶行知先生看来，民有的教育，应该是属于每个人的教育；民治的教育，应该是每个人都参与的教育；民享的教育，应该是每个人都享有的教育。要做到这一点，就需要“各尽所能，各学所需，各教所知，各得其所”。各尽所能，就是要把每个人的能力、能量充分发挥出来；各学所需，就是要让每个人学习自己最感兴趣最需要的内容；各教所知，就是要充分发挥教师的优势，把每个人最擅长的知识和能力教给学生；各得其所，就是教学过程要让教师和学生都能够得到成长，都能够享受教学的过程。在工业化的时代，陶行知先生就能够有信息化时代的思维，就能够充分考虑个性化的教育，这的确是难能可贵的。这也是他的“新教育”的理想。

教育要与伟大势力携手

>> 第一要教育与农业携手！那最应当携手的虽是教育与农业，但要求其充分有效，教育更须与别的伟大势力携手。教育与银行充分联络，就可推翻重利；教育与科学机关充分联络，就可破除迷信；教育与卫生机关充分联络，就可预防疾病；教育与道路工程机关充分联络，就可改良路政。其他不胜枚举。

——《陶行知全集》第2卷，第276页

朱永新解读：

教育与伟大的势力携手，不仅仅是要从伟大势力去借力，更重要的是要通过教育去改造伟大势力，让各行各业变得更加美好，更加强大。教育是最伟大的变革的力量，所以，当务之急应该与农业结合，因为当时中国的农业是最为落后、最需要变革的，用知识武装农民，农业才能更加美好。同样，教育与银行金融、科学技术、医疗卫生、交通工程等结合，都会更有效地提高效率，改进工作。当然，在携手的过程之中，教育也会汲取各个领域的养料，让自己变得更加美好，更加强大。

民主教育是教人做主人

>> 民主教育是教人做主人，做自己的主人，做国家的主人，做世界的主人。把林肯总统的话引申到教育方面来说，民主教育是民有、民治、民享之教育。说得通俗些，民主教育是人民的教育，人民办的教育，为人民自己的幸福而办的教育。

——《陶行知全集》第 4 卷，第 490 页

朱永新解读：

陶行知先生的文章有一个重要的特点，口语化，生活化，通俗易懂，深入浅出。他关于民主教育的论述，也是如此。他用“教人做主人”阐释了民主教育的基本要义，做自己的主人，管理好自己；做国家的主人，拥有家国情怀，关注国家的前途和命运；做世界的主人，形成人类命运共同体的意识，关注资源环境问题，关注人类的前途和命运。要做到这些，就是要让人民教育回归人民，回归幸福，让人民感受到教育是为了自己的幸福，自己对于办教育有话语权和参与感。

民主教育的四个特点

>> 民主的教育，包括四点：一、民为贵——大家说“教育第一”，其实更重要的是“人民第一”，只有重视人民的教育，才能第一。二、“天下为公”——教育为公，文化为公，不可由任何人据为己有。三、建立民主的主张——应该集思广益、虚心学习，用民主方法，从各阶层多方面结合而成的主张。四、自己要说话——也让别人说话，最好是大家商量。

——《陶行知全集》第 4 卷，第 539—540 页

朱永新解读：

这段文字是对上一段文字的进一步补充和完善。陶行知先生讲述了民主教育的四个要义：一是“民为贵”，既然是民主教育，当然应该是人民第一，重视人民的利益与诉求。二是“天下为公”，即教育不是为了少数人的，不能由任何人据为己有，而应该属于所有的人。三是“建立民主的主张”，这是指办教育要民主，要集思广益，听取各方面的意见，注重从各阶层多方面结合而成的主张。四是“大家商量”，也就是说，民主的教育既不是自己说了算，也不是别人说了算，而是要大家一起说了算。这里说的，其实就是协商民主。协商民主，是中国特有的民主传统，有事好商量，协商办教育，自然就能集思广益，就能代表大多数人的利益，得到大家的支持。

传统教育，是吃人的教育

>> 传统教育，是吃人的教育；生活教育，是打倒吃人的教育。传统教育怎样是吃人的教育呢？他教学生读死书、死读书；他消灭学生的生活力，创造力；他不教学生动手，用脑。在课堂里，只许听教师讲，不许问。好一点的，在课堂里允许问了，但他不许他出到大社会里、大自然里去活动。

——《陶行知全集》第3卷，第519页

朱永新解读：

陶行知先生认为，传统教育的弊端是“吃人”。为什么说传统教育是吃人的教育呢？因为传统教育教学生读死书、死读书、读书死，消灭人的主动性、创造性和生命的活力。传统教育让学生只动脑不动手，只听教师讲授不许学生提问，关在教室里面，不允许到大社会、大自然里去活动。这样的教育自然了无生机，自然消弭灵性与活力，消弭个性与创造，自然也就是吃人的教育了。所以，他倡导的生活教育，就是与此相反，就是要去打倒吃人的教育。

中国教育革命的对策是手脑联盟

>> 中国教育之通病是教用脑的人不用手，不教用手的人用脑，所以一无所能。中国教育革命的对策是手脑联盟，结果是手与脑的力量都可以大到不可思议。手脑联盟，则污秽的垃圾可以用来点灯烧饭，窒人的淡气可以用做养人的肥田粉，煤黑油里可以取出几千种颜料，一粒种子可以长成几百粒谷，无饭大家饿的穷国可以变成有饭大家吃的富社会。

——《陶行知全集》第 2 卷，第 538 页

朱永新解读：

陶行知先生有一本名著《中国教育改造》。如何改造中国的教育呢？他的对策之一就是“手脑联盟”。为此，他还写过一首《手脑并用歌》：“人生两个宝，双手和大脑……手脑都会用，才算是开天辟地的大好佬。”他认为，在“劳心者治人，劳力者治于人”的传统之下，中国教育的最大问题就是“教用脑的人不用手，不教用手的人用脑”，也就是说，中国教育是为少数“劳心者”服务的，不是为“劳力者”服务的，既不能让劳心者做“低级的”用手的事情，也不能够让劳力者具有“高级的”用脑能力，否则就会乱了社会秩序。但是，真正意义上的现代教育，恰恰是应该让手脑结合的，应该是普惠人民的。只要手脑结合，就能够创造许多奇迹，就能够化腐朽为神奇，就能够把“无饭大家饿”的穷日子变成“有饭大家吃”的富社会。

教育必须是科学的

>> 教育必须是科学的。这种教育是没有地方能抄袭得来的。我们必须运用科学的方法，根据客观情形继续不断的把它研究出来，而且，这种教育的内容也必须包含并着重自然科学与社会科学，否则不能前进。

——《陶行知全集》第 4 卷，第 302 页

朱永新解读：

陶行知先生是教育学科班出身，他知道教育的科学性的价值，知道教育研究的重要性。所以，他希望用科学的精神对待教育，不要抄袭照搬别人的教育。希望教育能够与时俱进，能够运用科学的方法、科学的精神、科学的态度解决教育过程之中不断出现的新问题。而且，应该运用自然科学和社会科学等不同学科的综合优势，解决教育的各种问题。

新教育和老教育不同之点

>> 新教育和老教育不同之点，是老教育坐而听，不能起而行，新教育却是有行动的。譬如抗日救国，须有行动，可是，行动又不能错误，所以要有理论。“抗日救国”是目标，“联合战线”是步骤，新中国将从行动中生出来！

——《陶行知全集》第 4 卷，第 125 页

朱永新解读：

在陶行知的笔下，老教育、旧教育、传统教育，其实都是一回事，都是只说不做，只是坐而论道，不能起而行之的教育。他认为，中国教育，或者说中国的“老教育”，缺少的就是行动精神。而且，这种行动，不是没有方向的行动，而是在理论指导下的行动。只要行动了，只要做起来，我们就能够不断成长，不断改进。所以，他倡导的“新教育”，就是强调行动精神。行动就有收获，坚持才有奇迹，这与我们新教育实验倡导的行动哲学是完全一致的。教育是如此，抗战也是如此，所有的事情都是如此。

要重视地方办学人员之培养

>> 中国若想推行义务教育，非将地方办学人员与教员同时分别培养不可。现在培养师资与普及教育的关系，大家已经了解。惟独对于地方办学人员之培养，大家还没有相当的注意。

——《陶行知全集》第 1 卷，第 305 页

朱永新解读：

办教育，一般人想到的主要是教师与学生，以及作为教师的教师的校长，很少有人去关注“地方办学人员”。这里说的“地方办学人员”，就是地方教育行政部门的管理人员。其实，他们是离教育最近的官员，最能够影响和改变教育一线的人员。他们的素养，他们的智慧，他们对教育的感情，他们对教育的理解，都直接决定着教育的品质，决定着学校的命运。所以，陶行知先生批评“对于地方办学人员之培养，大家还没有相当的注意”，是非常有远见卓识的。

大众教育是什么？

>> 大众教育是什么？大众教育是大众自己的教育，是大众自己办的教育，是为大众谋福利除痛苦的教育。

——《陶行知全集》第3卷，第372页

朱永新解读：

陶行知的生活教育，本质上就是大众的教育。在他眼里，“生活教育是大众的教育，大众自己办的教育，大众为生活解放而办的教育”。大众教育有三个基本特征：第一，在性质上，是属于大众自己的教育；第二，在主体上，是大众自己办的教育；第三，在目标上，是为了大众的教育，为了帮助大众谋求福利、解除痛苦的教育。

活到老，做到老，学到老

>> 教育最重要的成就在使众人养成一种继续不断的共同求进的决心。我们要对众人养成的态度是：活到老，做到老，学到老。

——《陶行知全集》第3卷，第233页

朱永新解读：

活到老，做到老，学到老，这是一个学习型社会的根本标志。教育不是为了考试，不是为了谋求一个好职业，而是为了人的成长，为了人的生活。教育是贯穿一生的，是从摇篮到坟墓的。所以，衡量教育的标准，就要看教育能否帮助人们“养成一种继续不断的共同求进的决心”，能否教给人们一生有用的东西，只有这样不断学习，不断上进，不断成长的境界形成了，我们才能够说，这是我们需要的好的教育。

学校里面的事情要让学生参与

>> 我国学校的弊端，不但在与社会相隔绝，而且学校里面，全以教员做主，并不使学生参与。要晓得一社会里的事务，该使大家知道的，就该大家参与；该使少数领袖管理的，就该少数领袖参与。这样不靠一人，也不靠少数人，使每个学生、每个教员晓得这个学校是我的学校，肯与学校共甘苦，那才是共和国社会里的真学校。

——《陶行知全集》第 1 卷，第 269 页

朱永新解读：

民主的教育需要民主的管理，民主的管理首先需要民主的参与。民主的精神需要通过教育来培养。陶行知先生批评了当时的学校“全以教员做主，并不使学生参与”的情况，认为学校的事务就需要师生共同参与、共同管理。这样才能使教师、学生有真正的主人翁精神，才能晓得“这个学校是我的学校，肯与学校共甘苦”。当然，这个民主，是民主集中制的民主，“该使大家知道的，就该大家参与；该使少数领袖管理的，就该少数领袖参与”。在学校里培养起这样的民主意识与民主精神，在未来的社会之中，自然就有民主的情怀，才能真正建成“共和国社会里的真学校”。

一个有生命的学校

>> 古庙学校必是一个有生命的学校。在这个学校里是有生命的潜伏，有生命的自由，而且是有生命的奋斗。我三番五次的考虑之后，把我们所要办的古庙学校，画了下面一幅简笔画："静默如地下的种子。自由如空中的鸽子。猛勇如斗虎的狮子。"

——《陶行知全集》第 3 卷，第 33 页

朱永新解读：

陶行知先生写过一本教育小说《古庙敲钟录》，由上海儿童书局 1933 年出版。这本书集中呈现了他的"生活即教育""社会即学校""教学做合一""小先生制""幼稚园下乡"和"工学团"等教育主张。古庙学校既是一个小学堂，又是一个小工场、小社会，但归根结底是一个"有生命的学校"。生命的潜伏，生命的活力，生命的自由，生命的张扬，生命的奋斗，在这所学校都能够充分地得到体现、得到尊重。所以，陶行知先生用了这样的比喻：有时候，生命静默如地下的种子，等待阳光雨露的滋润；有时候生命如自由的鸽子在空中飞翔，需要惠风和畅；有时候生命如勇猛的狮子，敢于面对凶恶的敌人。一句话，学校应该是一个能够让生命自由舒展的地方。

自动主义的三要素

>> 近世所倡的自动主义有三部分：一、智育注重自学；二、体育注重自强；三、德育注重自治。所以，学生自治这个问题，是自动主义贯彻德育的结果，是我们数千年来保育主义、干涉主义、严格主义的反应，是现在教育界一个极重要的问题。

——《陶行知全集》第 1 卷，第 23 页

朱永新解读：

陶行知先生讲的“自动主义”，有点类似现在的主体作用与积极主动精神。在那个时代，以教师为中心、教材为中心、教室为中心的保育主义、干涉主义、严格主义盛行，学生消极被动地接受知识，消极被动地完成任务。学生不是为自己的兴趣，为自己的成长，而是为了分数，为了考试。所以，教育改革的关键在于把主动权还给学生，在智育上注重学生的自我学习，在体育上注重学生的自我运动，在德育上注重学生的自我管理。让学生成为自己的主人，真正地自治，就会积极主动地学习，积极主动地活动。这种“自动主义”，在今天仍有着积极的意义。

共同的生活才能有共和的精神

>> 在学校中不能共同做事，一到社会也是不能的。所以要国民有共和的精神，先要学生有共和的精神；要学生有共和的精神，先要使他有共同的生活，有互助的力量。

——《陶行知全集》第 1 卷，第 267 页

朱永新解读：

新教育实验 2007 年年会的主题就是“共读共写共同生活”。我们认为，只有共同的阅读、共同的写作、共同的生活，才能拥有共同的价值、共同的语言、共同的密码和共同的愿景。其中，共同阅读、共同写作其实也是共同生活的一种形式。共和的本意是“公民的公共事务”，也就是说，我们的教育需要培养具有合作奉献精神、公共服务情怀、热心社会公益的人，而要培养这样的人，无疑就要从学校开始，让学生们在学校里就能够有机会一起生活、一起合作、一起交流，互相帮助。一句话，“要学生有共和的精神，先要使他有共同的生活，有互助的力量”。

大学里最重要的原则是学术自由

>> 大学里最重要的原则是学术自由。这学术自由四个字往往被人误解为自由主义的学术。其实，学术自由只是追求真理的自由，如果追求真理的自由都没有，根本就不能产生学术。

——《陶行知全集》第 4 卷，第 349 页

朱永新解读:

学术自由，是大学的核心理念和重要原则。自从斯宾诺莎提出“探讨的自由”后，经过洪堡、费希特等人的倡导，日渐成为十九世纪初以后德国大学的办学方针。在中国，蔡元培先生率先在北京大学提出了“循思想自由原则，取兼容并包主义”的主张。1988年联合国利马宣言指出，“学术自由”是指学术共同体成员，无论个人或集体，通过探查、研究、探讨、记录、生产、创造、教学、讲演以及写作而追求、发展、传授知识的自由。学术自由已经成为人权的重要部分，保障学术自由，也成为基本的法治观念。陶行知先生在这里指出，虽然学术自由是大学的重要原则，但是其根本精神是追求真理的自由，而不是自由主义的学术。只有具备了追求真理的精神，学术的自由才能真正实现。

学校有死的有活的

>> 学校有死的有活的，那以学生全人、全校、全天的生活为中心的，才算是活学校。死学校只专在书本上做工夫。间于二者之间的，可算是不死不活的学校。

——《陶行知全集》第 2 卷，第 251 页

朱永新解读：

陶行知的朋友陈鹤琴先生曾经提出过“活教育”的理论。活教育，是相对于死教育而言的，活学校，是相对于死学校而言的。死与活，是一种状态性的比喻。活，是活力、创造力的表达；死，是没有生气，没有活力的表现。如果一所学校只关心考试和分数，只专注在书本上做功夫，那就是死的学校。反之，如果一所学校以学生为中心，以生活为中心，让学生充分施展他们的才华，张扬他们的个性，那就是活的学校。而介于两者之间的学校，只能够称之为不死不活的学校。

学校的势力不小

>> 学校的势力不小。他能教坏的变好，也能教好的变坏。他能叫人做龙，也能叫人做蛇。他能叫人多活几岁，也能叫人早死几年。

——《陶行知全集》第2卷，第251页

朱永新解读：

陶行知先生对学校的作用非常重视，正如他对于教育，对于教师的作用非常重视一样，不仅对国家、对民族，对个体的发展也是非常重要的。学校能够让人变得更好，成为一个优秀的人，也能够使人变坏，成为一个恶劣的人。能够让人成“龙”，变得很伟大；也能够让人成“蛇”，变得很渺小。甚至能够让人活得更长，也能够缩短人的生命，这与学校重视不重视生命与健康教育有关，与学校的价值观有关。

小学为教育之根本

>> 窃以小学为教育之根本。今日教育之效果所以不能满足吾人之希望者，实以根本错误之故。根本错误之尤甚者，为小学校之课程。

——《陶行知全集》第1卷，第550页

朱永新解读：

陶行知先生认为，小学教育是整个教育的根本所在，而当时教育的效果不能够为全社会所满意，在很大程度上是因为小学教育出了问题，而且，这个问题是根本性的问题。小学教育的问题出在哪里？主要在课程。也就是说，小学的课程远离了生活和生命，没有考虑学生的内在的需要，没有考虑学生的生活经验和生命体验。所以，教育的强本固基，需要从小学的课程抓起。

学校是师生共同生活的处所

>> 学校是师生共同生活的处所。他们必须共甘苦。甘苦共尝才能得到精神的沟通，感情的融洽。国家大事，世界大势，亦必须师生共关心。学校里师生应当相依为命，不能生隔阂，更不能分阶级。人格要互相感化，习惯要互相锻炼。人只晓得先生感化学生，锻炼学生，而不知学生彼此感化锻炼和感化锻炼先生力量之大。

——《陶行知全集》第 2 卷，第 251 页

朱永新解读：

学校是教师和学生共同生活的场所，教师和学生是教育生活的共同体。通过共同阅读、共同写作、共同生活，拥有共同语言、共同密码、共同价值、共同愿景。所以，陶行知要求教师与学生应该同甘共苦，只有如此，才能真正产生精神的沟通和感情的融洽。在日常的教育生活之中，师生就共同的话题分享交流，就彼此的生活关心照顾，人格上互相影响，习惯上彼此锻炼。关键的一点，就是这种共同的生活是双向的，不是单向的。不仅仅是教师影响学生，学生同样可以影响教师。向学生学习，是教师不应该忘记的大问题。

教育就像八宝饭

>> 教育就像一碗八宝饭，分开来吃，每人只能尝一两宝，你必须把它搅拌起来才好吃。我们的建议是把儿童的教育与成人的教育搅拌一下，使它们打成一片。你有时要用小孩教成人，有时要用成人教小孩，有时要用小孩教小孩，有时要用成人教成人，若呆板的分起来，是一样也不会普及。

——《陶行知全集》第3卷，第213页

朱永新解读：

在陶行知的教育世界中，每个人既是先生也是学生。先生可以变学生，学生也可以当先生。他发明的“小先生制”在那个时代曾经发挥了非常重要的作用。

在家庭中，甚至在社会生活中，成人与孩子也是可以互为先生与学生的。既可以成人教成人，也可以小孩教小孩。如果我们的父母只是把自己看成是老师，只让自己教小孩，只允许小孩听从自己的意见、指挥，而不允许孩子教育自己，无疑是行不通的。

现在社会已经是一个知识“反哺”的时代，父母、成人在许多方面的知识、信息已经落后于孩子。善于向孩子学习，与孩子一起成长的父母才是最好的父母。用平等的态度对待孩子，才能够取得最好的教育效果。

教育不能等于赶考

>> 学生是学会考，教员是教人会考，学校是变了会考筹备处。会考所要的必须教；会考所不要的，不必教，甚而至于必不教。于是唱歌不教了，图画不教了，体操不教了，家事不教了，农艺不教的，工艺不教了，科学的实验不教了，所谓课内课外的活动都不教了，所要教的只是书，只是考的书，只是《会考指南》！教育等于读书；读书等于赶考。好玩吧，中国之传统教育！

——《陶行知全集》第3卷，第129页

朱永新解读：

应试教育，在陶行知的时代就已经初见端倪了。其实，整个封建社会的教育，就是为了考试，为了八股，为了做官而存在的。

为了考试，牺牲学生的全面发展，牺牲学生的兴趣爱好，取消音乐、美术、体育的做法，也不是今天学校的发明，在陶行知的时代已经有了。读书只读考试书，学习只学应试课。学校成为“会考筹备处”，学生成为考试机器，“教育等于读书；读书等于赶考”，这样的教育实在匪夷所思。陶行知先生用辛辣的讽刺“好玩吧，中国之传统教育”来批评，悲怆中有几分无奈。

可怕的是，我们许多父母自觉不自觉成为这个考试团队里的“帮凶”，成为应试教育的推波助澜者。恰恰是被我们舍弃的东西，往往是孩子们生命中最需要、最有用的东西。

不能『读书死』

>> 从小学到大学，十六年的教育一受下来，便等于一个吸了鸦片烟的烟虫，肩不能挑，手不能提，面黄肌瘦，弱不禁风。再加以要经过那些月考、学期考、毕业考、会考、升学考等考试，到了一个大学毕业出来，足也瘫了，手也瘫了，脑子也用坏了，身体的健康也没有了，大学毕业，就进棺材。这叫做读书死。这就是教学生自己吃自己。

——《陶行知全集》第 3 卷，第 519—520 页

朱永新解读：

陶行知先生是现代教育家中比较全面批评传统教育的第一人。他严厉地指出，传统教育是吃人的教育，传统教育"教学生读死书，死读书"，"消灭学生的生活力、创造力"。传统教育的根本弊病，就是把考试放在第一位，一切以考试成绩为中心，以牺牲孩子的健康为代价，最后培养出一批肩不能挑担、手不能提篮的书呆子。他认为，好的教育一定是以生活为中心的，以健康为中心的，一定是让孩子"到大社会里、大自然界里去活动"的。如果培养的学生大学毕业就进了棺材，这样的教育就是"读书死"。

时至今日，陶行知的话语犹在耳侧。我们的老师和父母不妨看淡一些考试，把健康还给孩子们，让孩子去汲取那些真正滋养心理、润泽生命的养分。还有什么比孩子的生命更加重要的东西呢？

不做『书呆子』和『田呆子』

>> 中国因为有了“书呆子”和“田呆子”，所以形成了一个“呆子”国家。读书的人除了劳心之外，不去劳力，除读书以外，不去做工，以致不能生产。他们寄生在社会上，只是衣架饭囊，为社会国家蝥蠹。中国目前的坏，坏在哪里？可以说完全是坏在这一班人身上。做工的人除劳力外，不去劳心，除做工以外，不去读书，以致不能自保其利益，而受他人的横搜直刮。要他们做国家的主人翁，那更是在做梦。

——《陶行知全集》第3卷，第432页

朱永新解读：

陶行知所处的时代，国家“危机四伏，存亡一缕”。他认为，一个重要的原因，就是手脑分离，劳心与劳力隔开。特别是形成了一大批“书呆子”和“田呆子”。

“书呆子”造成的危害，是教书的“教死书”“死教书”“教书死”；读书的“读死书”“死读书”“读书死”，成为贩卖知识的“活书橱”。而“田呆子”则是只知道“做死工”“死做工”“做工死”，受尽了剥削，只是听天由命，叹几声命运的舛蹇而已。

所以，教育变革的路径是，一方面教劳心者劳力——教读书的人做工；另一方面教劳力者劳心——教做工的人读书。

亲爱的老师、父母，如果你不想让自己的孩子成为“书呆子”或者“田呆子”，就努力让他们学会既动脑又动手，既热爱学习又热爱劳动吧！

学校是为社会设立的

>> 学校是为社会设立的。学校没有改造社会的能力，简直可以关门。现在社会要改造的地方很多，我们改良社会的法子无穷。比如用平民教育来改造不识字的社会，使它成为识字的社会，也是一桩很重要的事体。

——《陶行知全集》第8卷，第27页

朱永新解读：

在陶行知先生看来，教育和生活、学校和社会不是分割的，而是一体的。社会对学校有影响，学校对社会也有影响。办教育，办学校，与社会是紧密联系的。说到底，现在的学校就是为了改造现有的社会而存在的，就是为了建设一个更好的社会而存在的。既然社会有许多不如人意之处，学校就要为让它变得更好而努力。既然当年社会识字的人不多，学校就要为消灭文盲而努力。所以，学校不是关起门来办学，而要主动地关注社会，改造社会，在关注和改造之中成长。

学校是行以求知的地方

>> 我们是要在行动中追求真知识。行动遇着困难便不能不思想，思想贯通便取得了真知识。运用真知识以行动，便走上了创造之路。今日之学校是行以求知的地方。有行动的勇气，才有真知之收获，才有创造之可能。

——《陶行知全集》第 3 卷，第 36 页

朱永新解读：

陶行知先生对于知行关系的认识经历了一个变化的过程。他曾经自己介绍说，最初开始研究王阳明的心学，信仰知行合一的道理，故取名“知行”。后来他提出了与阳明先生相反的理论，主张“行是知之始，知是行之成”。有学生为他改名，常称他为“行知吾师”，他也很乐意接受。他把自己的理论概括为“行知行”，所以主张通过行动去获得知识，在行动中追求真知识。学校就是以行求知的地方，是通过运用真知识来创造的地方。有行动的勇气，行动的精神，才能有创造的可能，创造的收获。

第四章

千教万教教人求真，千学万学学做真人

导语

2014年9月9日，习近平总书记在和北京师范大学师生代表座谈时，特别引用陶行知先生的话勉励师生："做好老师，要有理想信念。陶行知先生说，教师是'千教万教，教人求真'，学生是'千学万学，学做真人'。老师肩负着培养下一代的重要责任。"足见先生之言历久而弥新。要实现"真"教育，就要"真"懂教育，按规律办学；就要付"真"心，讲情怀从教；就要扎扎实实，求得"真"学问。

千教万教教人求真

>> 教师的职务是“千教万教，教人求真”，学生的职务是“千学万学，学做真人”。

——《陶行知全集》第 4 卷，第 528 页

朱永新解读：

这是陶行知先生最著名的教育箴言之一。教育的最重要的目的，是培养人。这个人，应该是追求真理，拥有真性情、真情怀的人。所以，千教万教教人求真，千学万学学做真人。

如果我们把陶行知这段文字里的“教师”换成“父母”，“学生”换成“孩子”，也是完全合适的。父母开展家庭教育，也应该把真善美放在首位，让孩子求真知识，有真性情；而孩子的学习，也应该把学做真人作为第一目标。这里所谓的“求真”与“真人”，其实说的就是：实实在在求学问、坦坦荡荡去做人。

做人三要素

>> 作一个整个的人，有三种要素：（一）要有健康的身体——身体好，我们可以在物质的环境里站个稳固。诸君，要作一个八十岁的青年，可以担负很重的责任，别作一个十八岁的老翁。（二）要有独立的思想——要能虚心，要思想透彻，有判断是非的能力。（三）要有独立的职业——要有独立的职业，为的是要生利。生利的人，自然可以得到社会的报酬。

——《陶行知全集》第 2 卷，第 237 页

朱永新解读：

陶行知认为，作为一个完整的人，要真正地适应社会，独立生存，需要三个最重要的支撑：一是健康的身体，二是独立的思想，三是独立的职业。身体是基础，没有健康的身体，像广告里说的那样“三十岁的人、六十岁的心脏”，终究无法站立。思想是灵魂，没有判断的能力，没有是非价值，就会失去道德的底线，也不会成为一个真正意义上的人。职业是生存所依，没有独立的职业，没有一技之长，不能成为一个自食其力的劳动者，也无法在社会立足。

所以，家庭教育和学校教育都要围绕这三个方面进行：让孩子拥有健康的体魄、独立的思想、学会一技之长，这样就是把开启幸福人生的钥匙交给了孩子。

教人变好的教育是好教育

>> 教育是什么？教人变！教人变好的教育是好教育。教人变坏的教育是坏教育。活教育教人变活，死教育教人变死。不教人变、教人不变的不是教育。

——《陶行知全集》第 2 卷，第 479 页

朱永新解读：

学以成人，学以变化气质，这是中国古代学者关于教育的基本期待。教育的本质就是变，改变。陶行知先生认为，教育也有好坏之分，“教人变好的教育是好教育。教人变坏的教育是坏教育”，而不教人变、教人不变的自然就不是教育。什么样的教育培养什么人，好教育培养好人，坏教育培养坏人，活教育培养活人，死教育培养死人。所以，做教育的人，需要不断反思，我们是在用什么样的教育，培养什么样的人？

好的教育是引人向上生活之力量

>> 好的教育是引人向上生活之力量。它是一种工具，它是民族解放的工具，也是人类解放的工具。教育为着要引人向上向前过生活，它的本身便必须是向上向前的生活。一切要通过生活才成为真正的教育。为教育而办教育，或是空嘴说白话，都不能算是真正的教育。

——《陶行知全集》第 4 卷，第 279 页

朱永新解读：

生活就是教育，教育就是为了能够让人民过上更美好的生活。所以，教育应该传达正能量，引导人们积极向上向善向前。陶行知先生认为，好的教育就是“引人向上生活之力量”，这种力量，不仅仅是个人解放的工具，也是民族解放的工具。因为，这种力量会让人更加自觉地认识到自己的使命，更加清晰地认识到自己的力量。也就是说，教育不是简单地传授知识，不能够停留在“空嘴说白话”，不能够是为办教育而办教育，而应该实实在在地扎根，用力，帮助人拥有不断成长的可能性以及把可能性变成现实性的力量。

我主张学校要给人看

>> 我们要学校生活长得敏捷圆满，就得要把他放在光天化日之下。太阳光底下可以滋长，黑暗里面免不掉微生物。所以我主张学校要给人看。做父母的、管学务的，以及纳教育税的人，都要看学校。要学校改良，做校长的、做教员的，都要欢迎人参观批评，以补自己之不足。学校放在太阳光里必能生长，必能继续不断的生长。

——《陶行知全集》第 2 卷，第 253 页

朱永新解读：

陶行知先生用植物生长的原理，来比喻学校开放的重要性。他说，“要学校生活长得敏捷圆满，就得要把他放在光天化日之下”，也就是说，只有把学校放在阳光底下，才能得到阳光雨露的滋润，才能得到社会各界的监督和帮助，才能健康地成长。如果在黑暗中暗箱操作，就无法正常地成长。所以，任何校长，都要有这样的开放性格，让任何人，无论是父母、纳税人，还是教师、公务员，都可以随时推门进校园、进课堂。

大丈夫的精神

>> 我们不但是物质环境当中的人，并且是人中人。做人中人的道理很多，最要紧的是要有“富贵不能淫，贫贱不能移，威武不能屈”的精神。这种精神，必须有独立的意志，独立的思想，独立的生计和耐劳的筋骨，耐饿的体肤，耐困乏的身，去做那摇不动的基础。……那末推己及人的恕道，和大公无我的容量，也是做人中人的最重要的精神。把这几种精神合起来，我找不到一个更好的名词，就称他为大丈夫的精神罢。

——《陶行知全集》第 1 卷，第 37 页

朱永新解读：

陶行知这里所说的“大丈夫”精神，语出孟子《滕文公下》第二章：“居天下之广居，立天下之正位，行天下之大道。得志，与民由之；不得志，独行其道。富贵不能淫，贫贱不能移，威武不能屈，此之谓大丈夫。”意思是，大丈夫往往住在天下最宽广的房子（仁）里，站在天下最正确的位置（礼）上，走在天下最广阔的大路（义）上。志向能够实现的时候，就带领大家好好干；志向不能够实现的时候，就一个人坚持自己应该坚持的理想。富贵不能乱我之心，贫贱不能变我之志，威武不能屈我之节。陶行知把大丈夫精神的核心理解为独立的人格与坚强的意志，他认为如果一个人具有独立的意志，独立的思想，独立生活的能力，以及吃苦耐劳的精神，坚韧不拔的意志，加上“推己及人的恕道，和大公无我的容量”，就能够做到真正的大丈夫，就不会“摧眉折腰事权贵”。

我们需要智仁勇兼修的个人

>> 我们需要智仁勇兼修的个人，不智而仁是懦夫之仁；不智而勇是匹夫之勇；不仁而智是狡黠之智；不仁而勇是小器之勇；不勇而智是清谈之智；不勇而仁是口头之仁。

——《陶行知全集》第 4 卷，第 383 页

朱永新解读：

陶行知先生倡导的智仁勇兼修的个人，其实就是儒家所提倡的具有三种德行的人，语出《论语·子罕》："子曰：知者不惑，仁者不忧，勇者不惧。"《中庸》称之为"三达德"，民国时期孙中山先生把它作为"军人精神三要素"。这里说的"智"，一般指知识、学问和智慧；这里说的"仁"，一般指爱心、慈悲心、同情心；这里说的"勇"，一般指勇敢、毅力和决心。按照陶行知的想法，一个好校长或者好老师，也应该具备这三种基本素养，其中仁是最关键的素养。所以，三达德是以仁为中心的。不仁而智是狡黠之智，不仁而勇是小器之勇。所以，校长要学会修炼自己的素养，成为一个智仁勇兼具的人。

探求真理的五条路

>> 探求真理，我们提出五条路：（一）体验，（二）看书，（三）求师，（四）访友，（五）思考。这与《中庸》上所讲的博学、审问、慎思、明辨、笃行可以比起来看。体验相当于笃行；看书、求师、访友相当于博学；思考相当于审问、慎思、明辨。

——《陶行知全集》第 4 卷，第 12 页

朱永新解读：

《中庸》提出的博学之、审问之、慎思之、明辨之、笃行之，是中国古代学习过程理论的纲领。陶行知先生提出的探求真理的五条路径，与之基本对应，体验对应于笃行，看书、求师、访友对应于博学，思考对应于审问、慎思、明辨。也就是说，学习不仅要向书本学习，不仅要阅读，也要向实践学习，向师友学习。而思考，也包括了提出问题、探究问题、讨论争辩的过程。这是一个完整的学习过程，要取得学习的成效，不可缺少任何一个环节。

研究学问要有科学的精神

>> 做学问最忌的是玄想，武断，尽信书，以差不多自足，以一家言自封。我们要极力的锻炼学生，使他们得到观察，知疑，假设，试验，实证，推想，会通，分析，正确，种种能力和态度，去探求真理的泉源。简单些说，我们研究学问，要有科学的精神。

——《陶行知全集》第1卷，第37页

朱永新解读：

研究学问，需要科学精神。强调理性与实证性，坚持实事求是、批判怀疑、创新探索，是科学精神的核心。科学最忌讳的就是本本主义、教条主义、玄想武断、傲慢自满、固步自封。所以，陶行知先生主张应该用科学精神培养学生，让他们用科学家的思维和方法发现问题、解决问题，从学会仔细地观察生活、认真地提出问题，大胆地进行假设，小心地研究求证开始，还要通过分析、比较、综合等具体方法，培养学生的科学精神与科学思维，掌握科学研究的基本方法。

缺少一分也不甘心

>> 学七十；教八十；让九十；求一百。怎样叫做学七十？我们无论学什么事，最少要学到七十分。……我们只要存了知识为公的念头，就可跳过七十分的限度。我们只须想到预备教人，便可从七十分跳到八十分，这叫做教八十。但是如果有人懂得九十分，我就应该让他领导，不应该挡路。同时我自己须精益求精，务必达到完全的境界，缺少一分也不甘心。

——《陶行知全集》第 8 卷，第 383 页

朱永新解读：

作为一名教师和校长，如何从优秀到卓越？如何从 70 分到 100 分？按理说，60 分就可以算合格，但是陶行知把合格线调整到 70 分，这是对所有学生的最低要求。达到这个要求的标志，就是要有“知识为公”的境界，也就是说，不是纯粹为自己去学习，而是要考虑如何用知识造福社会。那么如何实现 80 分呢？陶行知先生认为是要想到教师的责任，即“预备教人”的期待。如果有人能够在此基础上继续努力，达到 90 分，就可以领导学校，当校长了。同时，陶行知先生要求所有做教育的人，都要有精益求精的精神，竭尽全力做好工作，“缺少一分也不甘心”。

真知识的根是安在经验里的

>> 我们要考察知识的本身。知识有真有伪。思想与行动结合而产生的知识是真知识，真知识的根是安在经验里的。从经验里发芽抽条开花结果的是真知灼见，真知灼见是跟着智慧走的。

——《陶行知全集》第 1 卷，第 119 页

朱永新解读：

人的知识的来源是多种路径的，直接经验和间接经验都是人的知识的重要源泉。陶行知先生对于直接经验更为重视，认为“真知识的根是安在经验里的”，只有思想与行动结合而产生的知识才是可靠的、真实的，只有从经验里发芽抽条开花结果的知识才是真知灼见，才是真正的智慧。当然，作为一名科班出身的教育学者，陶行知先生不会不知道间接经验的意义，因为任何一个个体，他的经验都是有限的，会受到时间、空间的约束和限制，要超越时空掌握更多的知识，就需要阅读，需要学习间接知识。对于中小学生，尤其是小学生而言，重视直接经验，重视把知识与他们的生活、生命更紧密地结合起来，有着特别的意义。

真教育是心心相印的活动

>> 要想完成乡村教育的使命，属于什么计划方法都是次要的，那超过一切的条件是同志们肯不肯把整个的心献给乡村人民和儿童。真教育是心心相印的活动。唯独从心里发出来的，才能达到心的深处。

——《陶行知全集》第2卷，第363页

朱永新解读：

办教育不容易，需要有好的理念、设施、队伍、环境，需要有好的计划、方法等。但是，办教育也很容易，一颗真诚的心足矣。陶行知先生说，真教育就是心心相印的活动，就是真心真意的行动，只有发自内心的真诚，才能达到内心的深处。“肯不肯把整个的心献给乡村人民和儿童”，是能不能办好乡村教育的试金石。话虽然说得有点绝对，但的确是言之有理的。我们每个办教育的人，都应该扪心自问：我是不是已经把整个的心灵都献给了孩子，献给了教育？

随时、随地、随人而施教

>> 现今办学的人，每存新旧宽严之见。我们只问是非好坏，不问新旧宽严。是的、好的，虽旧必存；非的、坏的，虽新必除。应宽则宽，应严则严。随时、随地、随人而施教，初无丝毫之成见。

——《陶行知全集》第 1 卷，第 36 页

朱永新解读：

教育的最大特点，就是它的灵活性、随机性、智慧性，没有标准的答案，没有固定的方法，需要因为时间空间的变化而变化，因为教育对象的不同而变化。陶行知先生主张，办学校做教育，不能够赶时髦追潮流，而应该坚守初心，不问新旧宽严。他批评的现象，在当下仍然存在，许多校长老师忙于追赶时髦，今天流行什么主义他就高举什么主义，明天时髦什么口号他就高喊什么口号，唯独就是没有自己的思考，自己的行动。所以，陶行知主张，教育还是应该按照客观规律办事，“只问是非好坏，不问新旧宽严”，对教师学生发展有好处，“是的、好的，虽旧必存”；对教师学生发展没有好处，“非的、坏的，虽新必除”。这是教育的唯一标准。

学生所学的是人生之道

>>“学”字的意义，是要自己去学，不是坐而受教。先生说什么，学生也说什么，那便如学戏，又如同留声机器一般了。“生”字的意义，是生活或是生存。学生所学的是人生之道。人生之道，有高尚的，有卑下的；有片面的，有全部的；有永久的，有一时的；有精神的，有形式的。我们所求的学，要他天天加增的，是高尚的生活，完全的生活，精神上的生活，永久继续的生活。

——《陶行知全集》第1卷，第269页

朱永新解读：

陶行知对学习的含义进行了新的阐释。他认为，学，不是被动地接受教育，而是主动地创造地学习。如果被动地跟着老师，人云亦云，最多是一个重复老师话的“留声机”。生，首先是生活与生存。人生之道，首先是生活与生存之道。学生学生，首先是学会生活，学会生存。近年来联合国教科文组织才提出学会生存的概念，陶行知先生在近百年前就倡导了，堪称远见卓识。而且，陶行知对于生活与生存的质量也提出了要求，他希望，学生应该过一种高尚的、完全的、精神的、永久持续的生活。

所以，教师和父母应该让孩子懂得学与生这两个字的深刻内涵。应该知道，人生之道是教育的首要目的，远远比知识更重要。

自己的事情自己干

>> 滴自己的汗。吃自己的饭。自己的事情自己干。
靠人，靠天，靠祖上，不算是好汉！
——《陶行知全集》第7卷，第51页

朱永新解读：

这是陶行知创作的一首著名的诗歌，是一首庄严的儿童“独立宣言”。无论何时何地何事，最可靠的力量是自己。自己动手丰衣足食，靠人靠天靠祖上，不仅靠不住，也是无能的表现。对于孩子来说，我们也不能够让他们形成饭来张口衣来伸手的习惯，不能够让他们依靠父母的恩惠和他人的照顾。

建议我们的父母和老师把这首诗教给自己的孩子和学生，让他学会“滴自己的汗，吃自己的饭”，学会自我管理，学会“自己的事情自己干”。

知情意的教育是统一的整体

>> 知情意的教育是整个的，统一的。知的教育不是灌输儿童死的知识，而是同时引起儿童的社会兴趣与行动的意志。感情教育不是培养儿童脆弱的感情，而是调节并启发儿童应有的感情，主要是追求真理的感情；在感情之调节与启发中使儿童了解其意义与方法，便同时是知的教育；使养成追求真理的感情并能努力与奉行，便同时是意志教育。意志教育不是发扬个人盲目的意志，而是培养合于社会及历史发展的意志。合理的意志之培养和正确的知识教育不能分开，坚强的意志之获得和一定情况下的情绪激发与冷淡无从割裂。

——《陶行知全集》第 4 卷，第 382—383 页

朱永新解读：

知、情、意是教育过程中不可或缺不可分离的整体。知，属于智力因素；情、意，属于非智力因素。在教育过程中，这两方面的因素是彼此促进相辅相成的，不可人为割裂。所以，陶行知先生主张，知的教育不是简单地给儿童灌输死的知识，而要同时引起儿童的社会兴趣与行动的意志。而情的教育也不是简单地调节并启发儿童应有的感情，而要培养他们追求真理的感情和坚持不懈的意志。

在实际的教育工作中，包括在我们的许多家庭

中，往往比较注重孩子知的教育，注重他们知识的学习，而忽视了孩子的情感与意志的培养。其实，没有后者，知识的学习就会缺乏真正的动力。作为非智力因素的情感与意志，它们在求知的开始激发兴趣，在求知的过程中培养执着，因此它们在一定意义上比知识本身更加重要。

所以，我们每一位父母和教师都一定要记住，知、情、意不可偏废，不可分离，传授知识、培养智能，一定要培养孩子的非智力因素。

外语好比万里眼镜

>> 学习外国文好比是配一副万里眼镜。这种眼镜，每一位追求真理的青年都应该戴，而且应该自己磨。怎么磨呢？要风雨无阻，行往不停，天天磨，月月磨。磨它五年十载，总会成功。倘一曝十寒，时学时辍，到老无成。
>>
>> ——《陶行知全集》第 4 卷，第 444 页

朱永新解读：

最近关于学习外语的争论沸沸扬扬。有些城市推迟了学习外语的年段，有些城市降低了外语中考的比重，有些学者主张取消高考的外语科目，等等。

其实，外语学习的重要性是不言而喻的，学习语言应该尽可能早也是不言而喻的。陶行知先生说，学习外国文，好比是配一副万里眼镜，让我们能够看得更远，这也是颇有远见的。而且，他还教大家一个学习外国语的方法，那就是“坚持不懈”。像磨眼镜那样，“风雨无阻，行往不停，天天磨，月月磨”，这样坚持五到十年，一定能够有所成就。最不可取的是“一曝十寒，时学时辍”，这样只能到老无成。

应该承认，学习语言是需要天赋的，但是，学习一门新的语言能够促进脑部发育，也是经过研究证实的。我们反对的是以同一种标准要求、以不科学的教学办法去强迫所有的孩子学习外语，但是以正确的心态、实用的方式、科学的方法来学习一门外语，不仅有益，而且也是有趣的。尤其是对于那些有语言天赋的孩子，不妨让他们尽早接触外语，轻松学习外语。因为学习语言是有敏感的关键时期的，错过了关键时期，可能学习外语就会相对费力，勤学而难成了。

日记是心灵的写真

>> 日记是我们一天心灵的写真。每天不同的生活要我们写出来，我们要应付这种要求，便自然的产生出活的文章。……要有活的日记，就要有活的文字记载。进步一定比以前死的“作文”当然好得多。

——《陶行知全集》第 2 卷，第 14 页

朱永新解读：

日记在教育中的意义，一直是新教育实验关注和倡导的。

我们一直认为，真正的思考是从写作开始。日记可以最大程度地帮助人学会思考，思考人生的意义，思考学习的方法，思考工作的得失，思考进步的路径。

日记也可以帮助人更自觉地生活，因为要写得精彩必须活得精彩做得精彩。所以有人把日记称为“道德长跑”。

日记还可以帮助我们提高写作的水平，因为写作能力只有在写作中培养和成长。所以，陶行知先生说，日记是一天心灵的写真。日积月累，每天的日记就构成了我们的人生。

亲爱的父母和老师们，尽可能让你的孩子拿起笔记录自己的生活吧！你会发现，这是一个值得拥有一生的好习惯，让孩子终身受益！

建设的达观主义与创造的乐天主义

>> 在晓庄一切诗化：困难诗化，所以有趣；痛苦诗化，所以可乐；危险诗化，所以心安；生死关头诗化，所以无畏。这是建设的达观主义，也可以说是创造的乐天主义。

——《陶行知全集》第 2 卷，第 346 页

朱永新解读：

教育本身就是一首诗。教育者，需要有诗人的激情，诗人的梦想，诗人的创造。所以，陶行知先生努力创造诗化的教育。诗化的教育，表现在如何对待困难，如何对待痛苦，如何对待危险，如何对待生死。也就是说，应该诗化地对待困难，把困难当作压在身上的石头，就会被压得喘不过气来，但如果当作脚下的石头，就会成为阶梯，就会变得“有趣”。应该诗化地对待痛苦，把痛苦当作成长的阵痛，当作成长过程之中不可或缺的经历，这样就能够坦然地接受，快乐地面对。应该诗化地对待危险，把危险当作机遇，在危险之中发现、创造机遇，这样就不会焦虑紧张，而是心安理得地去悦纳。应该诗化地对待生死，把生死当作人迟早要面对的现实，就会珍惜生命的每一刻时光，就会无所畏惧地面对所有的问题。总而言之，如果我们用建设的态度，用乐观的态度去对待生活、生命中的问题，就能够微笑着处理各种问题，享受我们的教育生活。

最重要的四把文化锁匙

>> 文化锁匙要使学生得到最重要的四把：一是国文；二是一个外国语；三是数学；四是科学方法。与其把学生当做天津鸭儿填入一些零碎知识，不如给他们几把锁匙，使他们可以自动的去开发文化的金库和宇宙之宝藏。

——《陶行知全集》第4卷，第12页

朱永新解读：

什么样的知识最有价值？不同的教育家有不同的答案。陶行知先生在这里提出了四门最重要的学科：一是国文；二是外国语；三是数学；四是科学方法。国文之所以重要，因为作为母语，不仅是日常生活最重要的工具，也是民族认同和国家认同的重要内容。外国语之所以重要，不仅是因为国际交流必不可少，更是因为从事科学研究的基本语言也是外国语。数学之所以重要，不仅因为数学是所有自然科学皇冠上面的明珠，是学习科学技术不可缺少的工具，也是日常生活需要的基本技能。科学方法之所以重要，不仅是因为掌握科学方法对于提高学习效率有效，对于改变思维方式、更好地认识世界也有重要意义。对于中小学生来说，语文、外语、数学与科学方法，在今天也是应该重视的主要学科。

充分发挥集体的精神

>> 真的集体生活必须有共同目的，共同认识，共同参加。而这共同目的，共同认识，共同参加，不可由单个的团体孤立的建树起来。否则，又会变成孤立的生活、孤立的教育，而不能充分发挥集体的精神。

——《陶行知全集》第 4 卷，第 379 页

朱永新解读：

真正的集体，不是人群的简单聚集，不是生活在同一个屋檐下的陌生人。而是有着共同的理想、共同的价值、共同的语言、共同的认识、共同的密码的人。只有这样一批具有相同尺码的人，才能真正称得上是集体，如果只是单个的个人或者团体组成的“乌合之众”，是谈不上什么共同目的、共同认识、共同参加的。所以，无论是组建班集体，还是建设具有凝聚力的学校文化，都应该注意通过共读共写共同生活，培养共同体意识和共同语言、共同愿景。

使学生得学之乐而耐学之苦

>> 如何可以使学生的欲望在群己相益的途径上行走，是我们最关心的一个问题。必使学生得学之乐而耐学之苦，才是正轨。若一任学生趋乐避苦，这是哄骗小孩的糖果子，决不是造就人才的教育。

——《陶行知全集》第1卷，第36—37页

朱永新解读：

得学之乐与耐学之苦可以兼容吗？陶行知先生在这里讲到了学习过程之中苦与乐的辩证法。得学之乐，是说要有学习的乐趣，因为兴趣是学习的内在动力，如果没有情感上的愉悦，没有全身心的投入，不可能真正取得学习的成效。耐学之苦，是说学习的毅力，因为坚毅的品质是坚持学习的前提，学习过程不可能一帆风顺，不可能一蹴而就，需要长时间的努力。只有得学之乐的人，才能真正耐学之苦，两者相辅相成。所以，快乐学习也好，幸福教育也罢，不是说不要让孩子勤学苦读，而是要让他们在享受学习乐趣的同时，学会面对学习中的困难。

对于文字，有两种极端的人

>> 有两种极端的人：一是看重文字，把文字误看做教育的全体；二是藐视文字教育。这两种观念都是错误的。人与禽兽的大分别，就在人有语言文字，禽兽没有。文明人与野蛮人的大分别，就在野蛮人只有语言，而文明人是语言文字都能灵便的运用。

——《陶行知全集》第 3 卷，第 217 页

朱永新解读：

文字是文化的根，是文明的基础。但是文字不是文化的全部，也不是教育的全部。陶行知先生认为，一方面要对文字有敬畏心，文字是人与禽兽的分野，也是文明人与野蛮人的区别所在。作为唯一的符号性动物，人类必须学会运用好文字，必须学会阅读，必须过精神生活。所以，运用文字既是人的本质特征之一，也是人类社会不断发展进步的源泉。教育的使命，就是传承文化，文字的教育当然不可或缺。但是，文字不是教育的全部，也要注重学生的科学精神、科学思维、科学方法的教育，重视学生的人格发展、性格陶冶，重视艺术素养、身体健康方面的教育。

办教育的人都应该说真话

>> 我们办教育的人，对于儿童、对于青年、对于民众，都应该说真话，不应该说假话。对于抗战有利益的，我们要真正的说出来，使大家知道了，好照着去做。对于抗战有害的，我们也要真正的说出来，使大家明白了，好留心防备。

——《陶行知全集》第 4 卷，第 223 页

朱永新解读：

说真话，看似容易，其实很难；看似简单，其实不简单。季羡林先生曾经说："要说真话，不讲假话。假话全不讲，真话不全讲。"也就是说，要不说假话，要把真话说出来，也不是一件非常容易的事情。为什么这样说？因为有些人不喜欢听真话，有些人不让你说真话。有的时候，的确是"忠言逆耳，真话伤人"。但是，如果一个社会受欢迎的、流行的都是假话，一个社会大家都不愿意说真话、不敢说真话，这个社会一定不是一个好的社会。说真话，对于父母、校长、教师等教育者来说，则更具特别的意义，因为，只有说真话的教育者，才能培养出说真话的学生。

第五章

过什么生活，便是受什么教育

导语

陶行知毕业于美国哥伦比亚教育学院，师从著名教育学家杜威。杜威以“教育即生活”“学校即社会”“从做中学”为核心的新教育理念，引发了美国教育的大变革。学成归国的陶行知深耕于火热的中国教育大地，反过来提出了“生活即教育”“社会即学校”“教学做合一”，导师杜威却称赞道：“陶行知是我的学生，但比我高过千倍。”盖因陶行知真正理解了教育与生活、学校与社会之联系。从杜威到陶行知，再到当下我国的新教育实验，时移世易，唯扎根生活，方能应不居之变，恒久致远。

>> 过什么生活，便是受什么教育；过好的生活，便是受好的教育；过坏的生活，便是受坏的教育；过有目的的生活，便是受有目的的教育；过糊里糊涂的生活，便是受糊里糊涂的教育；过有组织的生活，便是受有组织的教育；过一盘散沙的生活，便是受一盘散沙的教育；过有计划的生活，便是受有计划的教育；过乱七八糟的生活，便是受乱七八糟的教育。

——《陶行知全集》第 3 卷，第 206 页

朱永新解读：

生活教育思想是陶行知教育思想的精髓。他把杜威的教育就是生活颠倒了一下，提出生活就是教育的主张，强调通过生活进行实实在在的教育。他批评了那种把生活与教育严重隔离，甚至完全背道而驰的做法，如“过的是少爷的生活，虽天天读劳动的书籍，不算是受着劳动的教育；过的是迷信的生活，虽天天听科学的演讲，不算是受着科学教育；过的是随地吐痰的生活，虽天天写卫生的笔记，不算是受着卫生的教育；过的是开倒车的生活，虽天天谈革命的行动，不算是受着革命的教育”。所以，他坚持：我们要想受什么教育，便须过什么生活。

陶行知的这段话对我们开展家庭教育和学校教育有一个重要启示：如果你想自己的孩子接受怎样的教育，你就应该给他怎样的生活。

常向『八贤』请教

>> 我有八位好朋友，肯把万事指导我。你若想问真名姓，名字不同都姓何：何事、何故、何人、何如、何时、何地、何去，好像弟弟与哥哥；还有一个西洋派，姓名颠倒叫几何。若向八贤常请教，虽是笨人不会错。

——《陶行知全集》第7卷，第777页

朱永新解读：

陶行知曾经分析过科学创造的基本过程："行动生困难，困难生疑问，疑问生假设，假设生试验，试验生断语，断语又生了行动，如此演进于无穷。"毫无疑问，行动是逻辑的起点。但是，问题却是创造的关键。没有真正的问题，也不会有正确的思想产生，不会有科学创造的生活。

问题在于，如何提问？如何产生问题？陶行知这里说的"八贤"，其实就是他总结出的八种提出问题的方法：何事——什么事情？何故——事情发生的原因是什么？何人——事情涉及哪些人？何如——事情的来龙去脉？何时——事情发生在什么时间？何地——事情发生在什么地方？何去——事情会有怎样的结果？几何——事情的关键点在哪里？

"八贤"的核心，还是要保护孩子的好奇心，要鼓励孩子提出问题，我们更应该引导孩子的好奇心，要把提出问题的方法教给他们。

用活书，活用书，用书活

>> 用活书，活用书，用书活。

什么是活书？活书是活的知识之宝库。花草是活书，树木是活书，飞禽、走兽、小虫、微生物是活书，山川湖海、风云雨雪、天体运行都是活书。活的人、活的问题、活的文化、活的武功、活的世界、活的宇宙、活的变化，都是活的知识之宝库，便都是活的书。

活的书只可以活用而不可以死读。新时代的学生要用活书去生产，用活书去实验，用活书去建设，用活书去革命，用活书去树立一个比现在可爱可敬的社会。

——《陶行知全集》第 2 卷，第 123 页

朱永新解读：

陶行知最反对死读书的书呆子。“用活书，活用书，用书活”就是针对“读死书，死读书，读书死”提出来的。所谓用活书、活用书、用书活，首先就是要投入到生动的大自然大社会去，只要善于学习，只要善于思考，世界就是活书。

如果只看纸质的图书，如果“只知读书不会做别的事，便是书呆子。书呆子和只会吃饭的饭桶一个样子”。反之，如果读书是为了解决问题，把读纸质的书与读生活的书结合起来，那么，书就是最好的东西，“有好书，我们就受用无穷了”。

阅读和游戏，读纸质书和读生活的大书，对于孩子同样重要，两者结合更是互相促进、如虎添翼，切不可顾此失彼。

注重空闲教育

>> 我们做事不能一天做到晚，一晚做到天亮，中间必定有空闲的时候，人当忙时不会走歧路，一遇空闲，危险就来了。所以古时教育，注重闲时的修养，现今的教育，也注重空闲时的消遣方法。在学校里培养学生种种正当娱乐的良好习惯，使他习与性成，将来离校之后，继续将他空闲时的精神，归纳在这种正当娱乐当中，这是很重要的教育。

——《陶行知全集》第 1 卷，第 325 页

朱永新解读：

记得有位名人曾经说过，伟大的人物之所以伟大，在于他比其他人更善于利用空闲的时间。但是，在生活中我们经常可以看到，许多人不会利用空闲的时间。正如陶行知形容的那样，“人当忙时不会走歧路，一遇空闲，危险就来了”。所以，空闲时间的利用，就是教育的一个重要话题。

美国教育专家曼蒂认为，闲暇教育是“向人们传授有关各类闲暇活动的知识和技能，或通过安排娱乐项目和课外活动对人们实施教育的过程”。

文武之道一张一弛。人是需要空闲时间的。这个空闲的时间，不仅可以调节我们的身心，让我们在工作之余能够放松，同时也是发展个人情趣与才华的重要路径。闲暇时间有助于孩子完善知识结构，有助于培养孩子的自学能力，有助于培养孩子的交往能力。

所有的孩子都需要空闲的时间，只有充分的自由时间，孩子才有足够的发展空间。同时，也要引导他们利用好空闲时间，不可虚度光阴。

在集体生活中发现儿童

>> 我们的学生要过这样的集体生活，在集体生活中，按照他的特殊才能，给与某种特殊教育，如音乐、戏剧、文学、绘画、社会、自然等。以上均各设组以进行教育，但是小朋友确有聪明，而一时不能发现他的特长，或是各方面都有才能的，我们将要设普通组以教育之。又若进了某一组，中途发现他并不适合在那一组，而对另一组更适合，便可以转组。总之，我们要从活生生的可变动的法则来理解这一切。

——《陶行知全集》第 4 卷，第 379 页

朱永新解读：

心理学的研究表明，“共做效应”在儿童身上体现得非常明显，儿童最喜欢共同的生活，喜欢在一起游戏，一起活动，一起创造。儿童的许多特长与禀赋，也是在共同的活动中发现的。

所以，陶行知先生特别强调，应该让儿童过集体生活。并且他主张按照学生的特殊才能给孩子特殊的教育，有音乐特长的可以学习音乐，有戏剧天才的可以学习戏剧，有文学潜质的可以学习文学，有绘画才能的则可以学习绘画等等，各取所需，各尽所长。不强迫孩子学习他不喜欢的东西，随时根据孩子的特长与才能调整他的活动小组。这样，才是以儿童为中心的学习，才是主动积极的学习。

陶行知的这段文字，对我们的家庭教育和学校教育也有重要的启发：因材施教而不去拔苗助长，尊重个性而不是强迫学习，是教育之道。

康健是生活的出发点

>> 康健是生活的出发点，亦就是学校教育的出发点。学问、道德应当有一个活泼稳固的基础，这基础就是康健。俗话说“百病从口入”，同志们务必注意，办学校是要从厨房、饭厅办起的。

——《陶行知全集》第 2 卷，第 252 页

朱永新解读：

陶行知先生说的是学校，其实，家庭何尝不是如此呢？只是，重视厨房、饭厅，同样需要科学的精神和素养。可惜的是，我们要么不重视孩子的饮食起居，要么不科学地安排孩子的一日三餐，要么没有帮助孩子养成良好的饮食习惯，总而言之，我们没有以科学的方式来关注和建设厨房、饭厅。结果导致孩子发育不正常，要么是“小豆芽”，要么是“小胖墩”。

我们应记住陶行知先生的忠告：康健是生活的出发点。康健也是家庭教育的出发点。

学校生活只是社会生活一部分

>> 学校生活只是社会生活一部分。学校不是道士观、和尚庙，必须与社会生活息息相通。要有化社会的能力，先要情愿社会化。

——《陶行知全集》第2卷，第252页

朱永新解读：

陶行知把杜威的教育理论“倒了一个个儿”，把学校即社会、教育即生活，改造为社会即学校，生活即教育。在他看来，学校就是社会生活的一部分，不能够让学校像“道士观、和尚庙”一样关起门来，不问外面的世界，而必须与外面的世界息息相通。学校要想“化社会”，要具有改造社会的能力，首先要心甘情愿地“社会化”，成为社会生活的一部分。

学校生活是社会生活的起点

>> 学校生活是社会生活的起点。远处着眼，近处着手，改造社会环境要从改造学校环境做起。全校师生应当以美术的精神共同改造学校环境。凡应当改造的，一丝一毫都不肯轻松放过，才能表现真精神。师生不能共同改造学校环境而侈谈社会改造，未免自欺欺人。

——《陶行知全集》第 2 卷，第 252 页

朱永新解读：

改造社会，从改造学校做起。中国古人曾经说过，“一屋不扫，何以扫天下？”同样，学校环境都无法弄好，怎么可能创造良好的社会环境？所以，陶行知先生主张，应该把学校生活视为社会生活的起点，从远处着眼，近处着手；大处着眼，小处着手；社会着眼，学校着手。学校的师生，应该用“美术的精神”，用发现和创造美的眼睛，对学校的每一个空间，每一处细节，进行美的改造。“凡应当改造的，一丝一毫都不肯轻松放过”，用这样的真精神去改造社会。

造就有生活力的学生

>> 学校对于学生所要培植的也是生活力。他的目的是要造就有生活力的学生，使得个个人的生活力更加润泽、丰富、强健，更能抵御病痛，胜过困难，解决问题，担当责任。学校必须给学生一种生活力，使他们可以单独或共同去征服自然，改造社会。

——《陶行知全集》第1卷，第79页

朱永新解读：

生活教育的根本思想，就是强调教育与生活的同一性，强调教育为生活的目的性。所以，陶行知先生主张，学校教育最重要的，不是灌输知识，不是考试成绩，而是实实在在的生活的能力，是造就具有生活能力的学生，帮助每个学生的生活力更加润泽、更加丰富、更加强健。唯有如此，学生走向社会以后才能无缝对接，才能顽强生存，才能抵御病痛，才能战胜困难，才能解决问题，才能担当责任。

没有维他命的教科书

>> 教育好比是菜蔬，文字好比是纤维，生活好比是维他命。以文字为中心而忽略生活的教科书，好比是有纤维而无维他命之菜蔬，吃了不能滋养体力。中国的教科书，是没有维他命的书。

我们要活的书，不要死的书；要真的书，不要假的书；要动的书，不要静的书；要用的书，不要读的书。总起来说，我们要以生活为中心的教学做指导，不要以文字为中心的教科书。

——《陶行知全集》第 2 卷，第 532—533 页

朱永新解读：

什么样的教科书是好的教科书？陶行知先生认为是有营养的维他命的教科书。什么样的教科书是有营养的维他命的教科书？陶行知先生认为是紧密联系生活，能够解决生活中的问题的教科书。所以，他把教育比作是菜蔬，把文字比作是纤维，把生活比作是维他命。其实，维他命应该是融在教育之中的。只有这样的教科书，才是真正的活的教科书，真的教科书，有用的教科书。这里涉及一个教科书编写的原则问题，究竟是学科中心，还是生活中心？陶行知无疑是主张以生活为中心组织教材与教学过程的。

“教学做合一”是以生活为中心

>>“教学做合一”是以生活为中心——怎样做，就怎样学；怎样学，就怎样教。所有的问题，都是从生活发生出来的。从生活中发生出来的困难和疑问，才是实际的问题；用这种实际的问题来求解决，才是实际的学问。

——《陶行知全集》第2卷，第10页

朱永新解读：

“教学做合一”，是陶行知生活教育思想的核心概念。而“教学做合一”的关键，就在于以生活为中心。教师应该以学生为中心，怎样学就怎样教；学习应该以生活为中心，怎样做就怎样学。所以，从生活出发，研究和解决生活中产生的问题，是教育的意义所在，也是真正的学问所在。

生活决定教育

>> 生活决定教育。教育要通过自觉的生活才能踏进更高的境界。通过自觉的集体生活的教育更能发挥伟大的力量以从事于集体之创造。

——《陶行知全集》第 4 卷，第 375 页

朱永新解读：

生活决定教育。生活的品质决定教育的品质，自觉的生活才能有自觉的教育，才能使教育进入更高的境界。这种生活，不是孤身一人的单打独斗，不是无所用心的盲目行动，而是团队合作、齐心协力的自觉的生活。这样的生活，才是创造的生活。

社会即学校

>> 到处是生活，即到处是教育；整个的社会是生活的场所，亦即教育之场所。因此，我们又可以说："社会即学校。"

——《陶行知全集》第3卷，第206页

朱永新解读：

杜威说过，学校即社会。陶行知为什么要说社会即学校，把自己的老师杜威的思想倒了一个个儿呢？这是针对当时义务教育普及率还很低，学校教育资源很少的情况来说的。"社会即学校"，这样的话教育的内容、教育的方法、教育的工具、教育的环境，都可以大大增加，整个的社会都是生活的场所，也都是教育的空间，就会有更多的学生和先生，有更多的教育资源。

教学要合一

>> 教学要合一，有三个理由：第一，先生的责任不在教，而在教学，而在教学生学。第二，教的法子必须根据学的法子。第三，做先生的，应该一面教一面学，并不是贩买些知识来，就可以终身卖不尽的。

——《陶行知全集》第1卷，第18—20页

朱永新解读：

教学做合一，是陶行知生活教育理论的三大核心理念。教学做合一，首先要教学合一。教学要合一，根据陶行知先生的意见，主要是出于三个方面的考虑：第一，教师的主要责任不在于教，而在于教学生学，学，才是教学的中心所在；第二，既然学才是教学的中心，教的方法要根据学的方法；第三，教师要教好，首先自己要学好，教师自己学不好，当然就教不好，学生也学不好。三个理由的中心概念都是“学”。这与当代教育科学的重心转向学习科学，是完全一致的。

把学校的一切伸张到大自然界里去

>> 学校即社会，就好像把一只活泼泼的小鸟从天空里捉来关在笼里一样。它要以一个小的学校去把社会上所有的一切东西都吸收进来，所以容易弄假。社会即学校则不然，它是要把笼中的小鸟放到天空中去，使它能任意翱翔，是要把学校的一切伸张到大自然界里去。要先能做到"社会即学校"，然后才能讲"学校即社会"；要先能做到"生活即教育"，然后才能讲到"教育即生活"。

——《陶行知全集》第 2 卷，第 399 页

朱永新解读：

学校即社会，是陶行知的老师杜威的观点。他认为，这个观点的问题在于，"就好像把一只活泼泼的小鸟从天空里捉来关在笼里一样"，要把宏大的社会生活搬进学校，是不可能的。也就像院子里无法遛出真正的千里马。所以，必须把笼子里的鸟儿放到天空中去，让他们能够自由飞翔。再把学校里的东西伸张扩散到社会中去，扩散到大自然去。这就是他把老师的观点改造，倒一个个儿的原因所在。

不论校内校外的人，都可以做师生

>> 我们主张“社会即学校”，是因为在“学校即社会”的主张下，学校里面的东西太少，不如反过来主张“社会即学校”，教育的材料，教育的方法，教育的工具，教育的环境，都可以大大增加，学生、先生也可以更多起来。因为在这样办法下，不论校内校外的人，都可以做师生的。

——《陶行知全集》第 2 卷，第 411 页

朱永新解读：

社会即学校的重要意义，就是打破学校对于教育的垄断，打破教育的机会只能给少数人的局面。在社会成为大学校的情况下，“不论校内校外的人，都可以做师生的”。这个观点，虽然在当时具有普及教育的意蕴，但是在当下教育资源泛在化的背景下，又彰显了它独特的意义，也就是说，未来的教育资源配置，不是在教育机构内部完成的，而是全社会的教育资源分配，社会的精英分子，社会的能工巧匠，社会的专业人员，都能够成为老师，而在一个学习型社会，所有的人都又是学生，随时随地进行学习。这就是我说的学习中心。

学校是文化的旅馆

>> 学校是文化的旅馆，只能暂住而不可以久留。自学团、共学团、普及教育团、生活教育团或工学团下之工学队，才是文化之活细胞。

——《陶行知全集》第3卷，第269页

朱永新解读：

陶行知为什么把学校称为“文化的旅馆”？这是因为学校只是人生的一个阶段，一个过程。人应该永远当学生，但是不可能永远在学校。学校是一个只能暂住而不可以久留的地方。所以，他认为，最好的课堂并不是在学校、在教室里，而是在校外、在生活里，在各种各样的自学团、共学团、普及教育团、生活教育团或工学团下之工学队，在一种顺应孩子天性发展的日常生活中。大自然和生活的场景，才是教育的最终归宿，才是文化的细胞。

第六章

校长是一个学校的灵魂

导语

于外，校长是学校的形象代言人；于内，校长是师生的主心骨。改革破冰时，校长是船长；爬坡过坎时，校长是将军……陶行知先生十分关注校长在学校发展中的作用，自己也先后担任过南京晓庄、育才学校以及中华业余学校的校长，将校长视作学校的灵魂、整个社会的导师。如今，校长“领导力”是教育研究与实践中的一个热词，“治理能力”也成为对校长的素质要求，重温陶校长的谆谆教诲，必将对新时代的校长们深有启迪。

校长是一个学校的灵魂

>> 燕子矶国民学校已经开了好多年，但他的新生命的起点是在今年正月。那时丁超调任校长，从事改造，开了新纪元。我参观这个学校，所看见的都是我们心目中所存的理想，天天求他实现而不可得，不料在这个偏僻的地方遇到，真是喜出望外。校长是一个学校的灵魂。要想评论一个学校，先要评论他的校长。丁校长能就事实生理想，凭理想正事实。他有事实化的理想，理想化的事实。他事事以身作则。他是教员的领袖，学生的领袖，渐渐的要做成社会的领袖。

——《陶行知全集》第1卷，第39页

朱永新解读：

差不多在100年前的1924年7月，陶行知先生陪同友人考察了位于南京的燕子矶国民学校，看到了一个他心目中理想的学校和理想的校长。这个丁超校长，不仅仅带着师生读书，更带着他们做事做人。他经常拿着钉锤，带着扫帚，被称为“钉锤校长”“扫帚校长”。慢慢地，老师们和孩子们的手里也拿着钉锤，带着扫帚了。他和师生们一起用钉锤和扫帚改造学校、改造环境。学校的环境好了，丁超校长又带着师生到燕子矶山上去种树，美化绿化山坡。学校没有类似现在的保安的“门夫”，没有类似现在服务员的“听差”和“斋夫”。所有的事情，都是校长带着师生一起做。那一天正好下雨，陶行知先生和朋友浑身都被淋湿了，但是他们非常快乐，连声说：“值得！值得！值得！”

陶行知先生说，校长是学校的灵魂。的确如此，校长是老师的老师。一个学校的方向，一个学校的风气，一个学校的品质，都和校长有关。在一定意义上我们可以说，一个好校长，就是一所好学校！

做一个学校校长谈何容易

>> 做一个学校校长，谈何容易！说得小些，他关系千百万人的学业前途；说得大些，他关系国家与学术之兴衰。这种事业之责任不值得一个整个的人去负担吗？现在不然。能力大的人，要干几个校长。能力不够或时间不敷分配的，就要找几个人，合起伙来共干一个校长。

——《陶行知全集》第1卷，第50页

朱永新解读：

一个好校长，就是一所好学校。学校，虽然不是无限责任公司，但是的确负有很大的社会责任。陶行知说，做一个校长很不容易，一方面要对学生的学业前途负责任，帮助他们掌握知识、发展能力、培养品格，健康地走向生活世界；一方面要对国家的学术兴衰负责，传承文化，发展学问。所以，需要全力以赴地去做。能力强的，可以好好地办几所学校；能力不够的，可以联合一些人，大家合作用心办好一所学校。校长的不易，不仅仅是责任重大，也因为任务的艰巨，人性的复杂性，情境的变化性，给教育带来了许多不确定性，更增加了做好校长的难度。

用整个心去做整个的校长

>> 国家把整个的学校交给你，要你用整个心去做整个的校长。为个人计，要这样才可以发展专业的精神，增进职务的效率。为学校计，与其做大人名流的附属机关，不如做一个学者的专心事业。

——《陶行知全集》第1卷，第50页

朱永新解读：

这段文字是接着上面的文字说的，既然教育如此复杂，校长如此困难，就不能够马马虎虎，敷衍了事，得过且过，而要全心全意，尽心尽力，用整个的心去做整个的校长，整个的教育。所谓用心，就要走专业化的道路，就要专业阅读、专业写作、专业交往，就要用做学问的精神办学校，就要努力提高教育的效率。当校长，不要把学校办成衙门，不要做“大人名流的附属机关”，而要专心地走专业化的道路，在发展学校的同时发展自己，与学校一起成长。

有许多人是把大事小做了

>> 当一个小学校长，不仅是一两百学生的导师，而是一两百户、一两千人的导师。他的地位的重要是好比一个作战的团长。……但是倘使你小看了自己的岗位，小看了别人的力量，小看了生活教育的即知即传、工学团等等原理，你便成了一只孤鸦，一个光棍，由渺小而悲观、徘徊、妥协，敌人一来是不堪设想。有许多人是把大事小做了。

——《陶行知全集》第 4 卷，第 303 页

朱永新解读：

为什么说当一个小学校长，不仅仅是一两百位学生的导师，而是一两百户、一两千人的导师呢？因为每个学生后面都有一个家庭，都有爸爸妈妈、爷爷奶奶、姥姥姥爷，过去还有七大姑八大姨，一个错综复杂的亲友团。所以，一个学生的背后，就是一个庞大的社会关系。作为一校之长，千万不要自惭形秽，不要小瞧自己，不要把事情看小了做小了。通过学生影响父母，小手可以拉大手，通过父母可以影响社会，学校可以拉动家庭。运用生活教育的理论，即知即传，知行合一，就能够把小事情做大，就能够影响社会，改造社会，提升社会。

要不得的独裁作风

>> 校长对于我们，我们对于学生，多少都存在着一些要不得的独裁作风。……自己要说话，也让别人说话，最好是大家商量。自己要做事，也让别人做事，最好是大家合作。自己要吃饭，也让别人吃饭，最好是大家有饭吃。自己要安全，也让别人安全，最好是大家平安。自己要长进，也让别人长进，最好是大家共同长进。

——《陶行知全集》第 4 卷，第 525 页

朱永新解读：

校长是一校之长，是一所学校的“一把手”，也是学校的“无冕之王”。所以，校长如果没有民主的意识，没有宽阔的胸怀，是极可能有一些“独裁”作风的。但是，校长的一言堂，往往是不利于学校的发展的。校长的独裁作风，校长的一言堂，校长不让别人说话，就会失去集思广益的机会，就会导致师生唯唯诺诺，学校就会固步自封甚至倒退。所以，陶行知先生要求校长自己说话，也要让别人说话，更要学会与别人商量问题。校长做事情，也要让别人做事情，更要学会与别人合作共事。自己吃饭，也要让别人吃饭，更要学会与别人一起吃饭。自己安全，也要让别人安全，更要让所有的人都平安。自己要上进，也要让别人上进，更要与所有的人一起进步。

把学校办到情愿送亲子弟入校求学

>> 我对于学校悬格并不要高，只希望大家把学校办到一个地步——情愿送亲子弟入校求学，就算好了。

——《陶行知全集》第2卷，第253页

朱永新解读：

陶行知先生的这句话，说到了一个根本要害处：校长和教师愿意不愿意把自己的孩子送到自己的学校里来读书。这是一所学校好不好的试金石，也是校长教师有没有信心办好自己的学校的前提。如果一所学校的校长、教师以及他们的亲朋好友都愿意把自己的孩子送到这里来读书，那么这所学校就是好学校，这里的教育就是好教育。如果我们的大中小学校成为全世界的留学目的地，那么我们的教育在全世界就是最好的教育。

办学如治水

>> 办学如治水，我们必须以导河的办法把学生的精神宣导出去，使他们能在有益人生的事上去活动。倘不能因势利导，反而强事压制，那末决堤泛滥之祸不能幸免了。

——《陶行知全集》第 2 卷，第 252 页

朱永新解读：

治水的根本原则，就是疏导而不堵塞。面对洪水泛滥，只能“因势利导”，而不能够“强事压制”，否则就难逃“决堤泛滥之祸”。对于学生的教育也是如此。要引导学生从事有益身心健康的活动，而不是一味禁止他们去做什么。就像吃东西一样，有了好胃口，自然对垃圾食品不感兴趣了。精力用于健康有益的活动上面，自然没有精力和时间干不好的事情了。

乡村标准校长的三层资格

>> 乡村标准学校最需要的就是标准校长。乡村标准校长应当有三层资格：一、他要有农夫的身手；二、他要有教师的头脑；三、他要有社会改造家的精神。

——《陶行知全集》第1卷，第53页

朱永新解读：

乡村学校最需要好校长，需要好教师。陶行知100年前的呼吁，在今天仍然有着重要的现实意义。他提出了乡村好校长的三条主要标准：一是要有农夫的身手，也就是说，要懂得乡村生活、乡村习俗，更重要的是，要有乡村的情怀，乡村生活的能力，特别能干活，特别能吃苦的精神。有人说，教育不是工业，是农业，其实就是需要这样的“农夫的身手”。二是要有教师的头脑，也就是说，要懂得教育的规律，懂得学生的心理，懂得教学的艺术，更重要的是，要有孔老夫子说的学而不厌、诲人不倦的精神。三是要有社会改造家的精神，也就是说，要有改造社会的勇气，一方面通过培养现在的学生塑造未来的社会，一方面直接参与社会的改造，用学生影响父母，小手牵着大手，让现在的社会和未来的社会因为学校、因为教育更加美好。

事之兴废不复因人，而事举矣

>> 事治则不然，善治其事者留，不善治其事者去，善事为尚，人情次之，既无素餐尸位之职，亦无人存事举、人亡事息之弊。人之去就不足损事，事之兴废不复因人，而事举矣。

——《陶行知全集》第1卷，第409页

朱永新解读：

对于学校管理来说，用人是一门科学也是一门艺术，关键是如何处理好人与事的关系。陶行知先生对校长说，校长管理学校的最高境界是能够做到“事之兴废不复因人，而事举矣”。也就是说，如果真正把人选对了，按照做事情的要求选拔人才，而不是人情照顾，就能够把事情做好。能力强的，能够把事情做好的就留下来；能力弱的，不善于做事情的就不要用，这样就不会出现空占着职位而不做事，毫无才能只知道白吃干饭的人，也不会出现“人存事举、人亡事息”的弊端，因为，在选拔人才的时候，始终是按照人与事匹配的原则进行的。

第七章

行动是老子，知识是儿子，创造是孙子

导语

陶行知先生是一位锐意创新的教育家。创新精神渗透于先生的教育观、教学法乃至育儿观之中，使得其教育思想与做法不仅在当时的中国极具“前卫性”，即便是在今天，依然可以作为教师、父母的“秘籍宝典”。创新不是空洞的口号，创新能力的培养需要创新型的父母，需要创新型的教师，需要全社会的精神弘扬，从幼小时培养，于细微处雕琢，方能凝聚创新之合力。

>> 有人说：年纪太小，不能创造，见着幼年研究生之名而哈哈大笑。但是当你把莫扎尔特、爱迪生及冲破父亲数学层层封锁之帕斯加尔（Pascal）的幼年研究生活翻给他看，他又只好哑口无言了。

有人说：我是太无能了，不能创造，但是鲁钝的曾参传了孔子的道统。不识字的慧能，传了黄梅的教义。慧能说："下下人有上上智。"我们岂可以自暴自弃呀！可见无能也是借口。蚕吃桑叶，尚能吐丝，难道我们天天吃白米饭，除造粪之外，便一无贡献吗？

有人说：山穷水尽，走投无路，陷入绝境，等死而已，不能创造。但是遭遇八十一难之玄奘，毕竟取得佛经；粮水断绝，众叛亲离之哥仑布，毕竟发现了美洲；冻饿病三重压迫下之莫扎尔特，毕竟写出了《安魂曲》。绝望是懦夫的幻想。

——《陶行知全集》第 4 卷，第 4—5 页

朱永新解读：

陶行知认为，人人是创造之人，没有年纪大小的差别，也没有愚钝与聪慧的区别。时时是创造之时，而且往往是在山穷水尽时柳暗花明，创造的契机才真正来临。所以，教育者最需要的是信任。要相信孩子的创造才能，相信孩子的创造激情。

陶行知的这段话对父母也是非常有启示的。我们经常会看低自己的孩子，认为他们太小，没有创造的可能，认为他们能力不够，无法进行真正的创造。陶行知用了大量的案例告诉父母，无论是发明大王爱迪生、音乐巨匠莫扎特，还是孔门高足曾参，都曾经被认为不具有创造性，但是最后都成为优秀的人才。

所以，父母和老师们一定要相信，孩子的潜力是无限的，给他们更大的舞台，他们就能够创造更大的精彩。

解放小孩子的头脑

>> 解放小孩子的头脑。儿童的创造力被固有的迷信、成见、曲解、幻想层层裹头布包缠了起来。我们要发展儿童的创造力，先要把儿童的头脑从迷信、成见、曲解、幻想中解放出来。迷信要不得，成见要不得，曲解要不得，幻想更要不得，幻想是反对现实的。

——《陶行知全集》第 4 卷，第 448 页

朱永新解读：

为了实现儿童的创造性，把学习和创造的自由还给儿童，陶行知提出了著名的“六大解放”，即解放儿童的大脑，使他能想；解放儿童的双手，使他能干；解放儿童的眼睛，使他能看；解放儿童的嘴，使他能谈；解放儿童的空间，让他能到大自然大社会里去取得更丰富的学问；解放儿童的时间，让他学一点自己渴望要学的学问，干一点他自己高兴干的事情。

其中，第一条就是要解放儿童的头脑。陶行知认为，儿童的创造性是被“固有的迷信、成见、曲解、幻想”所扼杀的。先是父母、老师和社会用这样的迷信、成见、曲解等扼杀孩子，不给孩子创造的机会与可能，久而久之，这些迷信、成见、曲解等也成为孩子们自己的东西，也就中规中矩，不敢越雷池一步了。

所以，解放儿童的头脑，首先也要解放父母的头脑，去除迷信、成见、曲解等，让孩子走进创造的天地，展示创造的才华。

解放小孩子的双手

>> 解放小孩子的双手。人类自从腰骨竖起，前脚变成一双可以自由活动的手，进步便一天千里，超越一切动物。自从这个划时代的解放以后，人类乃能创造工具、武器、文字，并用以从事于更高之创造。假使人类把双手束缚起来，就不能执行头脑的命令。我们要在头脑指挥之下用手使用机器制造，使用武器打仗，使用仪器从事发明。中国对于小孩子一直是不许动手，动手要打手心，往往因此摧残了儿童的创造力。

——《陶行知全集》第 4 卷，第 449 页

朱永新解读：

劳动创造了人。手在教育中的作用远远没有受到应有的重视。苏霍姆林斯基曾经说过，儿童的智慧，就在他们的“手指尖上”，“双手越是在创造着、做着、改造着什么，智慧就应当越丰富，智力兴趣就应当越深刻、越广泛”。

陶行知批评我们的传统教育是一个劳心者治人、劳力者治于人的理念，把孩子们的双手禁锢起来、束缚起来，不让孩子动手劳作和创造，结果扼杀了他们的创造才华，也使我们的教育远离现实生活，使孩子们成为只会考试的机器。

心灵手巧，手巧才能心灵。在家庭和学校中，我们一定要努力让孩子多动手、勤创造！

解放小孩子的嘴

>> 解放小孩子的嘴。小孩子有问题要准许他们问，从问题的解答里，可以增进他们的知识。孔子入太庙，每事问。我从前写过一首诗，是发挥这个道理：“发明千千万，起点是一问。禽兽不如人，过在不会问。智者问得巧，愚者问得笨。人力胜天工，只在每事问。”但中国一般习惯是不许多说话，小孩子得到言论自由，特别是问的自由，才能充分发挥他的创造力。

——《陶行知全集》第 4 卷，第 450 页

朱永新解读：

学问学问，学的秘诀在于问。问而后学，真正的学习是从问题开始的。不让孩子提问，就等于关闭了他们向世界学习的窗口，甚至是扼杀了他们学习的可能。所以，陶行知反复强调，“发明千千万，起点是一问”。

解放孩子的嘴，不是简单地让孩子提问，鼓励孩子提问，还要耐心地倾听他们的问题，细心地解答他们的疑惑，用心与他们一起探索和解决问题。

问题就是打开世界奥秘之门的钥匙。拿着这把钥匙，孩子可以通向任何方向、任何角落。孩子探索世界的好奇心、兴趣、获得知识的理智和愉悦，都是从问题开始的。努力让孩子成为一个多问、善问的人吧！

解放小孩子的空间

>> 解放小孩子的空间。从前的学校完全是一只鸟笼，改良的学校是放大的鸟笼。要把小孩子从鸟笼中解放出来，放大的鸟笼比鸟笼大些，有一棵树，有假山，有猴子陪着玩，但仍然是个放大的模范鸟笼，不是鸟的家乡，不是鸟的世界。鸟的世界是森林，是海阔天空。

——《陶行知全集》第4卷，第450页

朱永新解读：

院子里遛不出千里马，笼子里飞不出翱空鹰。陶行知对当时学校教育脱离实际、远离生活，把孩子关在“鸟笼式的学校”的做法给予了严厉批评。他认为，这样培养出的孩子，一定是“精神营养非常贫乏”的人，“这还不如填鸭，填鸭用的还是滋养料让鸭儿长得肥胖的”。

鸟的世界是森林，是海阔天空；孩子的世界是生活，是整个宇宙。所以，他主张，要解放小孩子的空间，“让他们去接触大自然的花草、树木、青山、绿水、日月、星辰以及大社会中之士、农、工、商、三教九流，自由的对宇宙发问，与万物为友，并且向中外古今三百六十行学习”。

没有活动的空间，就没有创造的空间。创造的空间有多大，创造的可能就有多大，创造的奇迹就有多大。

亲爱的父母们，千万不要把孩子关在家里，要鼓励他们到大自然中去，到社会的大课堂里去，那里，是现在学习创造的大天地，是将来进行创造的大天地！

解放小孩子的时间

>> 解放儿童的时间。现在一般学校把儿童的时间排得太紧。一个茶杯要有空位方可盛水。现在中学校有月考、学期考、毕业考、会考、升学考，一连考几个学校。有的只好在鬼门关去看榜。连小学的儿童都受着双重夹攻，日间由先生督课，晚上由家长督课，为的都是准备赶考，拼命赶考，还有多少时间去接受大自然和大社会的宝贵知识呢？

——《陶行知全集》第 4 卷，第 450 页

朱永新解读：

创造是需要时间的。吃了食物，消化是需要时间的；读书学习，思考是需要时间的。陶行知曾经以赶考和赶路为例，说明了时间对于孩子的意义。他说："除非请医生、救人，路是不宜赶的"，因为赶路的人把路旁风景赶掉了，把一路应该做的有意义的事赶掉了。考试更不宜赶，赶考首先赶走了脸上的血色，赶走了健康，赶走了对父母之关怀，赶走了对民族人类的责任，甚至于连抗战之本身责任都赶走了。最要不得的，还是赶考把时间赶跑了。

陶行知说，茶杯要有空位才能够盛水，学生要有闲暇才能够学习。"把儿童全部时间占据，使儿童失去学习人生的机会，养成无意创造的倾向，到成人时，即有时间，也不知道怎样下手去发挥他的创造力了。"所以，创造的儿童教育，首先要为儿童争取时间之解放。

亲爱的父母，千万不要把你孩子的时间全部填满，不要给他制定一个没有喘息机会的时间表，要允许他发呆，允许他思考，允许他嬉戏，允许他奔跑，鼓励他发问，鼓励他涂鸦，鼓励他到大自然中去。学会自主利用时间，才能够真正成为时间的主人。

创造需要民主的氛围

>> 创造力最能发挥的条件是民主。当然在不民主的环境下，创造力也有表现。那仅是限于少数，而且不能充分发挥其天才。但如果要大量开放创造力，大量开放人矿中之创造力，只有民主才能办到，只有民主的目的、民主的方法才能完成这样的大事。

——《陶行知全集》第 4 卷，第 451 页

朱永新解读：

教育需要民主，创造需要民主。专制的教育只能培养听话的奴才、驯服的工具，不能造就有创造精神的人才。陶行知认为，虽然在不民主的环境下，不排除出现一些创造力强的孩子的个案，但是那不是教育的正道，不是教育的规律。要真正开发人的创造性，真正让大部分孩子的创造性得到解放，就应该思维活跃，开动脑筋，大胆想象。要实现这个目标，没有民主的氛围，拘谨胆小，前怕狼后怕虎，就不可能。

亲爱的父母和老师们，一定要记住：与你的孩子平等对话、交流，并不会降低你的威信，反而会增加你的魅力。一个阳光的孩子，放松的心情，才能让创造洋溢。

人生两个宝，双手与大脑

>> 人生两个宝，双手与大脑。用脑不用手，快要被打倒。用手不用脑，饭也吃不饱。手脑都会用，才算是开天辟地的大好佬。

——《陶行知全集》第 3 卷，第 218 页

朱永新解读：

手脑并用，在劳力上劳心，是陶行知教育思想的重要主张。他认为，真正的创造，要在用脑的时候同时用手去实验，用手的时候同时用脑去想。“手和脑在一块儿干，是创造教育的开始；手脑双全，是创造教育的目的。”他提出，文明是人类用头脑和双手造成的。只会劳心而不会劳力和只会劳力而不会劳心的人，都是没有希望的人。至于爱用空嘴说白话的人，那是更不可救药了。

亲爱的父母们，受传统思想的影响，我们经常被“劳心者治人，劳力者治于人”的观点左右，希望孩子远离劳动。其实，手与脑是互相促进的，没有手的参与，脑也不能够得到真正发展。苏霍姆林斯基也说过，手指尖上出智慧。鼓励孩子动手吧，鼓励孩子在动手的基础上动脑！

行动是创造的前提

>> 行是知之始，知是行之成。行动是老子，知识是儿子，创造是孙子。

——《陶行知全集》第 4 卷，第 441 页

朱永新解读：

创造的源泉是知识与行动。没有广阔的知识背景，没有顽强的行动精神，创造就成为一句空话。

陶行知曾经把知识形容成空气，让人人得而呼吸；形容成甘霖，使处处得其润泽；形容成太阳，照耀人们前行。他也曾经把行动的力量形容为“敢入未开化的边疆”的“开辟精神”，并且指出，“创造、开辟都要有胆量。在教育界，有胆量创造的人，即是创造的教育家；有胆量开辟的人，即是开辟的教育家，都是第一流的人物”。

孩子身上蕴藏有无限的创造力，关键是如何激发和诱导。应该让他们大胆行动和探索，让他们如饥似渴地阅读和思考，创造的激情才能够迸发出来。

发明的起点是问题

>> 发明千千万，起点是一问。禽兽不如人，过在不会问。智者问得巧，愚者问得笨。人力胜天工，只在每事问。

——《陶行知全集》第7卷，第49页

朱永新解读：

学问学问，学的关键在于问。敢于提出问题，善于提出问题，是善于学习最显著的特征。学习的品质，也在于问题的质量。所以，陶行知特别欣赏打破砂锅问到底的精神，认为这是学习的诀窍。他说："天地是个闷葫芦，闷葫芦里有妙理。您不问它您怕它，它一被问它怕您。您若愿意问问看，一问直须问到底！"

如何提出问题？陶行知提出了何事、何故、何人、何如、何时、何地、何去、几何的八个问题："我有八位好朋友，肯把万事指导我。你若想问真名姓，名字不同都姓何：何事、何故、何人、何如、何时、何地、何去，好像弟弟与哥哥；还有一个西洋派，姓名颠倒叫几何。若向八贤常请教，虽是笨人不会错。"

孩子们对这个世界充满了惊讶和好奇，充满着困惑和问题。在孩子向我们父母和老师发问时，千万不要不耐烦，不要乱回答，不要敷衍了事，而要认真对待，努力解答，鼓励他们永远对这个世界充满惊讶和好奇，帮助他们努力解答自己提出的问题。

书呆子就是读书没有目的的人

>> 书呆子就是读书没有目的的人。我平时尽力劝人不要做书呆子。书是一种工具，只能用，不可读。比如筷子是吃饭的工具，假使我们对于筷子，不晓得拿来用，却对着筷子“筷子，筷子”的念，那不是“筷呆子”了吗？……只知读书不会做别的事，便是书呆子，书呆子和只会吃饭的饭桶一个样子。

——《陶行知全集》第 2 卷，第 14—15 页

朱永新解读：

1927 年，陶行知在晓庄师范设立了一个校图书馆，他给图书馆起了一个独特的名字：书呆子莫来馆。他在晓庄师范的招生广告上，也明确写道：“小名士、书呆子、文凭迷，最好不要来。”可以想见，他对书呆子是深恶痛疾的。他曾经把呆子分为三种：书呆子、工呆子、钱呆子。“书呆子是读死书，死读书，读书死。工呆子是做死工，死做工，做工死。钱呆子是赚死钱，死赚钱，赚钱死。对于书呆子我是劝他们少读点书，多干点有意义的事，免得呆头呆脑。”其实，书呆子与工呆子、钱呆子一样，都是不知道人生的目的，不知道读书的目的、工作的目的、赚钱的目的，为读书而读书，为工作而工作，为赚钱而赚钱。那样，书呆子只能够沦落为吃饭的饭桶了。

书是一种工具

>> 我们对于书的根本态度是：书是一种工具，一种生活的工具，一种“做”的工具。工具是给人用的；书也是给人用的。……用书必须有目的。遇到一本书，我们必须问：您能帮助我把这件事做得好些吗？您能帮助我过一过更丰富的生活吗？

——《陶行知全集》第 2 卷，第 529—530 页

朱永新解读：

陶行知先生的教育思想，是以生活为中心的。所以，他的读书观，也是以生活为中心的。他把书作为一种“工具”，尤其是作为一种生活的“工具”，一种做事情的“工具”，对于通过阅读解决生活和工作中的问题具有积极意义，但是总的来说也有些失之狭隘，读书的目的，当然不能限于解决问题，尤其是解决当下的问题，那种“急用先学、立竿见影”的学习，虽然能够有效，但是，读书也要有长远的考虑，也有陶冶性情、丰富视野等多方面的作用，“过一过更丰富的生活”，应该不限于眼下的丰富物质生活，也应该包括丰富自己的精神生活。

因循之害

>> 因循之害，既足以自误，又足以误人，更足以误国。吾人果自爱，则不当因循；吾人果爱人爱国，尤不当因循。……社会因循而民气不张，政府因循而国魂不振，吾国行将由贫弱而渐臻于沦丧，岂不甚可畏乎？勉哉国人！

——《陶行知全集》第1卷，第151页

朱永新解读：

因循守旧，是最保险也是最偷懒的做法。最保险，是因为即使做错了，也可以把责任推到古人，推到前人身上，过去都是这样做的。最偷懒，是因为这样做不费脑筋，不花力气，不用负责任。但是，因循守旧却是误国误人又误己的事情，一个社会因循守旧，社会就没有生气没有活力，一个国家因循守旧，国家就没有灵魂没有创造力，而一个人因循守旧，也会碌碌无为，不思进取，没有成就。对于一所学校来说，也是如此，没有创造的激情，没有变革的冲动，没有创新的行为，就不可能培养出有创造精神的学生，这样下去，“吾国行将由贫弱而渐臻于沦丧，岂不甚可畏乎？”这是值得每个办教育的人思考的问题。

第八章

幼年的教育是最重要的教育

导语

随着教育的“内卷”，现在的父母们越来越“焦虑”了。一方面，家庭教育的重要性已为新时代的父母们广泛认同，另一方面，很多父母似乎还没有想清楚甚至无所适从。家庭教育是父母与孩子共同进步的过程，没有父母的成长，也很难有孩子的成长。因此，我们为亲爱的父母们准备了这篇对话，希望在为您纾解压力之余，能帮助您真正走进孩子的世界，了解孩子的习性，成为孩子的朋友，当好智慧的父母。

人格陶冶重在六岁前

>> 六岁以前是人格陶冶最重要的时期。这个时期培养得好，以后只须顺着他继长增高的培养上去，自然成为社会优良的分子；倘使培养得不好，那末，习惯成了不易改，倾向定了不易移，态度决了不易变。这些儿童升到学校里来，教师需费尽九牛二虎之力去纠正他们已成的坏习惯、坏倾向、坏态度，真可算为事倍功半。

——《陶行知全集》第1卷，第70页

朱永新解读：

关于儿童早期教育的问题，几乎所有的教育家都给予了极大的关注。只不过在具体的时间上不完全一样，有人认为五岁前很关键，有人认为七岁前很重要，有人则认为十二岁前最敏感。但是，在什么时候教育什么问题上，几乎所有的教育家都特别强调：幼儿时期的品德习惯教育最重要。华德福的创始人斯坦纳就认为，人生的第一个七年，是“善”的教育的关键时期。

陶行知对此也有深刻的论述。他提出，“幼儿教育实为人生之基础，不可不趁早给他建立得稳。儿童学者告诉我们，凡人生所需之重要习惯、倾向、态度，多半可以在六岁以前培养成功。”这就是中国古代说的“少成若天性，习惯成自然”。

亲爱的父母，一定要记住：尽早培养孩子良好的品德与生活、行为习惯，会事半功倍，会为孩子的一生奠定良好而坚实的基础。

要创造儿童的世界

>> 在大人的世界之遗迹上，我们要创造儿童的世界。儿童世界里，只有真话没有谣言，只有理智没有恐怖，只有创业没有享福，只有公道没有惨酷，只有用的书没有读的书，只有人——只有人中人，没有人上人，没有人下人，没有奴隶。

——《陶行知全集》第3卷，第546页

朱永新解读：

儿童的世界是晶莹剔透的世界，是一个充满了真善美的世界。在这里，“只有真话没有谣言，只有理智没有恐怖，只有创业没有享福，只有公道没有惨酷”；在这里，只有活的书，与自然与生活一体的书；在这里，只有大写的人，彼此平等的人。

父母们如果固守着大人“高儿童一等”的理念，待在大人的世界里，是无法成为儿童世界的公民的，是不受儿童的欢迎的，是无法真正与儿童一起拥有精神生活的，当然也是无法真正地帮助和教育儿童的。

所以，亲爱的父母，虽然我们的世界并不完美，但是，我们还是应该尽可能为儿童创造一个更好的世界。至少，在你们的家庭里，为孩子创造这样一个小小的世界、一个儿童的世界、一个美好的世界！

我们要懂得儿童

>> 我们要懂得儿童，这是父母先生的顶大的责任。我们要懂得儿童不做小古董，给人玩耍誓不容；懂得儿童不做小笼统，千问万问要问懂；懂得儿童不做蛀书虫，求学只是为大众；懂得儿童不享现成福，手脑双挥要劳动；懂得儿童爱拆自鸣钟，拆得散来凑不拢；懂得穷孩肚子快饿通，饿死穷孩大不懂；懂得教师应敬小朋友，不再打人摆威风；懂得儿童能做小先生，即知即传向前冲；懂得帝国主义该打倒，联合小拳总进攻。

——《陶行知全集》第3卷，第608—609页

朱永新解读：

要教育儿童，首先要懂得儿童。懂得儿童，理解儿童，才能够真正取得好的教育效果。陶行知在这里谈了许多儿童的天性和教育儿童的方法，值得父母们好好研究领会。如，不要把儿童当作“小古董”，只是供大人玩赏快乐；不能把儿童当作“小笼统”，要满足他们的好奇心，不厌其烦地回答他们的各种问题；不要让儿童死读书、读死书，要让他们走进大自然，与生活接触；不要计较儿童把钟表拆得散来凑不拢，他们的创造性就是在这样的动手中发展起来的；不要轻易惩罚儿童，打骂孩子是最消极无能的表现；儿童学习的最好的方式之一就是让他们做“小先生”，“即知即传”才有向前向上的力量；等等。

所以，亲爱的父母，走进孩子的世界吧，先做他们的朋友，懂得他们的所思所想所言所行，你才真正拥有了教育他们的“执照”。

要把活的书籍教给孩子

>> 书籍也有死的有活的。怎样是活的书籍？我觉得书籍所记载的，无非是人的思想和经验，那个人的思想、经验要是很高尚的，与人生很有关系的，那就可算是活的书籍。若是那著书的人思想、经验都没有什么价值，与人生没有关系，那就是死的书籍。我们教授小孩子，对于书籍的死活，就不能不慎重；所教授的书籍，要有统系的，前后都能连贯得起来，不是杂乱无章的，这才是活的教育。若只知道闭着眼睛教死书，也不顾那书适用不适用，这样我敢说就是死的教育。

——《陶行知全集》第1卷，第345—346页

朱永新解读：

给儿童读什么书，历来是一个非常重要的问题。人是他自己食物的产物。对于孩子的身体发育而言，每天食物的营养结构是否合理非常重要。对于孩子的精神成长而言，每天读书学习的内容是否合理同样非常重要。

所以，陶行知先生主张把那些“高尚”的个人的思想和经验，把那些与人生有密切关系的书籍推荐给学生。这些书籍才是真正的“活的书籍”。这些书籍应该是有机的整体，而不应该是杂乱无章的。

亲爱的父母，时代在发展，诸多图书良莠不齐，已经很难说是“开卷有益”。最起码，择卷更有益。为孩子选择那些最伟大的经典，建构合理的知识体系，从而养成思考的习惯，训练出思维的办法，是非常重要的事情。

给小孩子自由行动

>> 小小的孩子，就是将来小小的科学家。假使我们给小孩子自由行动，我们相信千百孩子之中，一定有一个小孩是天才，是一个创造者、发明者。

——《陶行知全集》第3卷，第449页

朱永新解读：

无限相信师生的潜力，是新教育实验的一个基本理念。尤其是对于孩子来说，儿童的学习潜能，无论你怎样估计，可能都不会过分。所以，陶行知先生说："小孩子的能力大得很：他能做许多您不能做的事，也能做许多您以为他不能做的事。等到您重新生为一个小孩子，您会发现别的小孩子是和从前所想的小孩子不同了。"

那么怎样发现和实现孩子们的潜能呢？唯一的办法，就是让学校、家庭成为汇聚伟大事物的中心，让孩子放开手脚去探索去尝试，一句话，给他们"自由行动"，要"解放小孩的自由，让他做有意思的活动，开展他们的天才"。

亲爱的父母，其实，每个孩子都是天才，都有着他特定的才华。只是许多孩子的天才被遮蔽了、埋没了。关键在于，我们在给孩子"自由行动"的同时，也要"根据孩子们不断的迷在某种特殊活动的天性，透过特殊的环境、设备和方法"，培养并引导他们成长，才能够帮助他们踏进未知之门，真正地找到自己成就自己。

变成孩子教孩子

>> 您若变成小孩子，便有惊人的奇迹出现：师生立刻成为朋友，学校立刻成为乐园；您立刻觉得是和小孩子一般儿大，一块儿玩，一处儿做工，谁也不觉得您是先生，您便成了真正的先生。

——《陶行知全集》第 2 卷，第 485 页

朱永新解读：

真正的教育是不显山不露水，是润物细无声的。真正的教育是孩子们感觉不到你是个“先生”，却实实在在成为了“先生”。

变成孩子教孩子，概括了教育中最大的秘密：父母和老师们要善于站在孩子的角度换位思考，与他们一起玩耍，一起活动，一起学习。只有这样，教师与学生才能够成为朋友，学校才能够成为真正的乐园。

亲爱的父母，放下你的架子，与孩子成为朋友吧，家庭不仅会成为教育的场所，也会成为教育的乐园！

孩子最需要理解

>> 爱的教育容易捧，容易哄。溺爱是有害的，把小孩拉住使他们不能向前跑。小孩所需要的不是爱而是了解。

——《陶行知全集》第3卷，第608页

朱永新解读：

教育离不开爱。正如夏丏尊说的那样，教育如果没有爱，就如同池塘里没有水。

但是，教育仅仅有爱是不够的。尤其是在我们许多家庭，往往在爱的旗帜下，让教育失去了原本的价值与魅力，对孩子百依百顺，“捧在手里怕摔了，含在嘴里怕化了”，一味迁就、纵容，结果培养出来的孩子往往任性，不讲规矩，不尊重别人，自我中心，与其他人很难相处。所以，陶行知告诉我们：“小孩所需要的不是爱而是了解。”

或许，这句话更准确地说应该是：小孩所需要的不是溺爱。

亲爱的父母，小孩子当然需要爱，只是，孩子真正需要的，是建立在了解基础上的爱，需要理性与感性并重的爱，那才是真正的爱、智慧的爱。

要把小孩子当作活的

>> 我们办教育的人，总要把小孩子当作活的，莫要当作死的。地球看起来，好像是个不动的东西，其实他每天每时都在旋转不已。小孩子也像这样。表面上看起来，也好像是很平常的，没有什么进益，其实他的能力知识，没有一天不在进行中求活。我们就要顺着他这种天然的特性，加以极相当的辅助和引导，使他一天进步似一天，万不能从中有所阻碍或停滞，不使前进，把他束缚了起来。束了若干时，然后又陡然把他解放掉，这一定要受危险的。

——《陶行知全集》第 1 卷，第 343 页

朱永新解读：

蒙台梭利曾经说过：儿童能够自我建构，他的内心有一个遵循一定教育规划和技巧的老师。陶行知说要把儿童当作活的，不要当成死的，其实也是讲的这个意思。

就像地球一样，表面上我们感觉不到它的转动，其实它无时无刻不在旋转运动。儿童也是如此，他们依靠自己的力量在不断运动成长。所以，教育的艺术，就在于顺应儿童的成长规律，给予必要的帮助和引导，而不能够强制与束缚。

亲爱的父母，一定要相信孩子的内在的力量，相信孩子成长的渴望，顺应孩子的天性才能帮助他们更好地成长。

陪着小孩子一起创造

>> 我们造一个乐园交给小孩子，也许不久就会变为苦海，单由小孩子自己去创造，也许就创造出一个苦海，所以应该成人加入小孩子的队伍里去，陪着小孩子一起创造。

——《陶行知全集》第4卷，第446页

朱永新解读：

教育儿童，首先要成为儿童。我们不可能在生理年龄上让自己变得年轻变成儿童，但心理和心态上，我们完全可以拥有童心，回到童年。就像陶行知先生要求父母和老师们加入到儿童队伍里那样，“做到不失其赤子之心。做成小孩子队伍里的一分子”。一旦我们成为儿童，一旦我们真正和孩子们在一起，我们就会惊喜地发现：“小孩子有力量；不但有力量，而且有创造力。”这是“钻进小孩子队伍里”才能有的新认识与新发现。

其实，成为儿童是一件非常快乐有趣的事情，你不仅会忘却许多烦恼，还会与孩子一起发现一起创造，你会真正感受孩子的伟大，理解孩子的幼稚，原谅孩子的错误，欣赏孩子的顽皮。

小孩也能教大人

>> 事实告诉我们，大人能教小孩，小孩也能教大人。

——《陶行知全集》第 3 卷，第 227 页

朱永新解读：

蒙台梭利曾经说过，我们成年人通常都会认为自己比孩子高明，“每一件事情自己都能够做得比孩子好，想当然地把成人的那一套行为强加在儿童身上”。其实，儿童与成人是互相影响彼此教育的。小孩不仅能够教小孩，也能够教大人。

陶行知的小先生制，就是充分发挥了儿童的教育作用，用儿童教育儿童，用儿童影响成人。他说：“小孩是怎样教别的小孩呢？他在做上教。他一面做，一面学，一面教。他的教育力量有时比教师大得多。所以好父母、好教师都要为儿童择友，运用小孩教小孩。不但如此，小孩也能教成人。小孩的一举一动也影响到成人。”

亲爱的父母，现代社会已进入所谓的“后喻”时代，儿童接受信息的管道不断增加，儿童接受的信息也充分得多，儿童成为我们的老师也更加成为可能。虚心地向孩子学习，倾听他们的声音，我们会变得更加聪明。

解放儿童创造力

>> 儿童的创造力是千千万万祖先，至少经过五十万年与环境适应斗争所获得而传下来之才能之精华。成人无论“石化”到如何程度，除非是进了棺材，都是免不了要受儿童的影响的。发挥或阻碍，加强或削弱，培养或摧残这创造力的是环境。教育是要在儿童自身的基础上，过滤并运用环境的影响，以培养加强发挥这创造力，使他长得更有力量，以贡献于民族与人类。教育不能创造什么，但他能启发解放儿童创造力以从事于创造之工作。

——《陶行知全集》第 4 卷，第 446 页

朱永新解读：

儿童的创造力，不仅表现在他对于外部世界的创造，也表现在他对于自己的创造。正如蒙台梭利曾经说过的那样，“儿童必须自己塑造自己”。她认为儿童能够“自我构建”，儿童的内心“有一个遵循一定教育规划和技巧的导师”。

陶行知的这段论述与蒙台梭利有异曲同工之妙。他认为儿童的这种创造力是他们成长最重要的内在的力量，教育者的责任，就是启发和解放这种创造力。

亲爱的父母，教育的秘密就在于发现孩子们内在的这种力量，启发诱导孩子们身上的创造力。

给儿童适合的营养

>> 小孩的体力与心理都需要适当的营养。有了适当的营养，才能发生高度的创造力，否则创造力就会被削弱，甚而至于夭折。

——《陶行知全集》第 4 卷，第 451 页

朱永新解读：

陶行知先生认为创造力是需要营养的滋润的，如果没有合适的营养，创造力就会被削弱，创造的花儿就会枯萎。当然，合适的营养，首先意味着对不同的孩子给予不同的营养。正如松树和牡丹花所需要的肥料不同，如果用松树的肥料培养牡丹，牡丹会瘦死；反之，如果用牡丹的肥料培养松树，松树会被烧死。“培养儿童的创造力要同园丁一样，首先要认识他们，发现他们的特点，而予以适宜之肥料、水分、太阳光，并须除害虫，这样，他们才能欣欣向荣，否则不能免于枯萎”。

教育的艺术在于因材施教，在于发现每个生命的独特性，帮助每个孩子成为自己。所以，亲爱的父母，在教育孩子的时候，你一定要注意观察，是否给足了营养？是否施错了肥料？

多做正当的游戏运动

>> 教人勿赌博，勿饮酒，这都是消极的禁止。至于积极的办法，要使他们时常去做好的事情，没有机会去做那坏的事情。在学校之中，常常有正当的游戏运动，兴味很好，自然没有功夫去做别的坏事了。

——《陶行知全集》第1卷，第267页

朱永新解读：

在学校教育和家庭教育中，有一个共同的重要规律：消极的禁止不如积极的倡导。陶行知对此也有明确的认识。他认为，与其禁止学生赌博、酗酒，不如让他们去从事健康有益的活动，让他们去游戏，去运动。这样他们自然就没有时间做那些不好的事情了。

以此规律衡量，就能发现我们在教育中的一些误区。比如，我们经常让孩子不要看电视，不要打游戏，不要做这做那，就是忘记了一件最重要的事情——让孩子读最好的书，做健康的游戏和运动。一旦孩子喜欢上了阅读、运动，他们自然会远离那些不良的嗜好和习惯。

亲爱的父母们，少对孩子说“不”，那样只会引起逆反和好奇；多鼓励孩子阅读、游戏和运动，多和孩子一起阅读、游戏和运动，把童年还给孩子。

『学』和『乐』不可分离

>> 学生有了兴味，就肯用全副精神去做事体，所以“学”和“乐”是不可分离的。学校里面先生都有笑容，学生也有笑容。有些学校，先生板了脸孔，学生都畏惧他，那是难免有逃学的事了。所以设法引起学生的兴味，是很要紧的。

——《陶行知全集》第1卷，第268页

朱永新解读：

学而时习之，不亦乐乎！这是《论语》开宗明义的教诲。学习，本来应该是一件开心的事情；学校，本来应该是一个快乐的地方；家庭，本来应该是一个幸福的场所。但是，现在已经完全相反，学习变得非常痛苦，学校变得非常恐怖，家庭也变成了第二学校。笑容，仅仅是为好分数、好孩子绽放的。

其实，没有笑容，没有快乐，就说明学习中没有乐趣与兴趣，就永远没有真正的学习。

亲爱的父母，正如陶行知先生说的那样，“学”和“乐”是永远不可分离的。你要想让孩子真正地学好，首先要把乐趣还给孩子。

及时发现孩子特殊的才干

>> 人才的幼苗当从小培养，如果家庭里、学校里、铺子里的孩子，在小的时候，已被发现有特殊的才干，那么，立刻就应该给他以适当之肥料、水分、阳光，使他欣欣向荣。

——《陶行知全集》第 4 卷，第 466 页

朱永新解读：

每个孩子都是一个精灵。每个孩子都带着他的天赋来到这个世界。那些幸运的孩子，在家庭、学校或者其他的场合遇到了适合他天赋的土壤，于是，开出了一朵小小的花儿来。这个时候，父母、老师，就要敏锐地发现他的这个“特殊的才干”，及时地施加“适当之肥料、水分、阳光，使他欣欣向荣”。也有许多孩子远远没有这样的幸运，他们的天赋只能够扼杀在萌芽之中。

所以，亲爱的父母，要留心观察儿童，发现每一个他们表现特殊才干的蛛丝马迹，珍惜孩子们每一个展露才华的火花。这是一粒神奇的种子，也许就是今后的参天大树。

满足孩子的需要

>> 活的小孩子，他生长快，他的进步也快。他一时有一时的需要，一时有一时的能力。当教育家的，就要设法子去满足他的需要，就要搜罗相当的材料去培植他。

——《陶行知全集》第1卷，第344页

朱永新解读：

需要是人行动的动力，也是人学习的内在力量。所以，发现孩子的需要，及时满足他们合理的需要，是帮助他们更好更快成长的最好契机，会取得事半而功倍的效果。相反，如果没有学习的需要，没有行动的渴望，你硬是要强加于他，往往适得其反。这是事倍而功半的结果。

亲爱的父母，好的教育需要把握好的时机。在伴随孩子成长的过程中，要善于及时发现孩子的需要，为他创造条件，“设法子去满足他的需要”，“搜罗相当的材料去培植他”，是我们的重要责任。

用孩子教孩子

>> 幼稚园教师须明白他们的使命：不是随随便便的放任，乃是要运用好孩子化坏孩子，运用坏孩子的好处化好孩子的坏处。

——《陶行知全集》第1卷，第116页

朱永新解读：

榜样的力量是无穷的。孩子们身边的榜样，有着更强大的影响力，具有更重要的力量。

但是父母与老师们应该注意：其实，在生活中，根本就没有也不应该有什么“好孩子”和“坏孩子”。孩子的好与坏都是相对的，好与坏的标签是父母或者老师人为地给孩子贴上去的。既然没有什么“好孩子”和“坏孩子”，也就不可能有“坏孩子”的“好处”和“好孩子”的“坏处”。所谓的好与坏，应该指的是孩子们实实在在的优点或者缺点。

所以，用孩子教孩子是对的。但是不要轻易给孩子贴上好与坏的标签。而是就事论事，用优点启发培养更多的优点，用缺点教育惩戒更多的缺点。

儿童是应该快乐的

>> 儿童是应该快乐的，而现在中国的儿童是非常痛苦。固然有许多人才是从痛苦中长大起来，但是成人的责任是应该把社会改造得好一点，使未成熟的儿童少吃点苦，多享点福。我们应该负起责任来，敲碎儿童的地狱，建立儿童的天堂。不够，我们应该引导儿童把地狱敲碎，让他们自己创造出天堂来。

——《陶行知全集》第 4 卷，第 464 页

朱永新解读：

儿童本来就应该是快乐的。新教育实验倡导“过一种幸福完整的教育生活”，就是要把快乐还给儿童，把幸福还给孩子。在快乐中的孩子，才能够真正地学习，才能够与这个世界建立友好的关系，才能够热爱这个世界。正如陶行知先生主张的：“敲碎儿童的地狱，建立儿童的天堂”，让孩子们少一点痛苦，多一些欢乐。

亲爱的父母，把快乐还给童年，是教育的基本原则。不能够牺牲孩子当下的快乐去追求所谓未来的幸福，这样往往适得其反，会给孩子一个灰色的人生。

不要让孩子生活在恐怖的世界里

>> 中国的儿童在心理上是处在一个恐怖的世界里。老婆婆，老妈子一到夜晚没有事便讲鬼说怪，小孩们连在梦里都要惊醒。我们应该使小孩与这些鬼怪故事隔绝，以保持精神之安宁。

——《陶行知全集》第 4 卷，第 465 页

朱永新解读：

儿童的世界，应该充满阳光温暖如春。给儿童的故事，应该也是如此。儿童通过故事认识世界，故事与世界两者一体。他无法区别故事与真实世界。所以，恐怖的鬼怪故事，往往容易让儿童生活在一个恐怖的世界之中。

陶行知批评的那些老婆婆老妈子“一到夜晚没有事便讲鬼说怪，小孩们连在梦里都要惊醒”的现象，直到现在仍然在我们许多家庭经常出现，甚至许多父母是用恐怖故事让孩子睡觉、安静下来的。

亲爱的父母，请记住：恐怖的鬼怪故事，不适合给幼小的心灵。只有当孩子能够区别虚幻故事与真实世界时，才能够讲给孩子听。

寓教育于娱乐

>> 现在流行的戏剧电影，有好些是给了儿童不好的影响。许多父母因为影响不好便因噎废食，绝对不许子女看书看电影。假使我们有好的儿童剧、儿童电影，可以寓教育于娱乐，那儿童又是多么高兴啊！

——《陶行知全集》第4卷，第466页

朱永新解读：

陶行知的时代，好的儿童剧、儿童电影比较匮乏。但他那时已经敏锐地发现，儿童剧、儿童电影对于儿童成长的重要价值，因为它们可以“寓教育于娱乐”，让孩子们兴发感动，从欢笑快乐中引发思考。所以，那些因为有些戏剧电影给孩子不好的影响就“因噎废食”的做法，当然不可取。

故事、戏剧、电影等，能够帮助孩子更便捷也更深刻地认识社会认识世界。新教育实验的生命叙事剧课程和儿童电影课程也非常注重让儿童通过表演、欣赏等参与性活动，获得情感的体验和实践的历练，更好地认识与感受世界。所以，亲爱的父母，把最好的童书、故事、戏剧、电影给你们的孩子吧！

对儿童两种极端的心理

>> 我们对于儿童有两种极端的心理，都于儿童有害。一是忽视；二是期望太切。忽视则任其像茅草样自生自灭，期望太切难免有揠苗助长，反而促其夭折。所以合理的辅导是解除儿童痛苦、增进儿童幸福之正确路线。我们必须沿这路线进行，才能使儿童脱离苦海进入乐园。

——《陶行知全集》第4卷，第468页

朱永新解读：

陶行知先生这里批评了儿童教育中的两种现象：要么“忽视”，无视儿童的存在，不闻不问；要么“期望太切”，给孩子不切实际的目标，压得他们喘不过气来。结果，前者“则任其像茅草样自生自灭”，后者则“难免有揠苗助长，反而促其夭折”。

其实，现在这两种现象在我们许多家庭里仍然比较普遍，尤其是后者更甚。这两种现象的后果，自然是让孩子痛苦不堪，陷入无边的“苦海”。

亲爱的父母，你是否出现过陶行知先生说的两种现象之一呢？在家庭教育中，一方面我们要呵护孩子的健康成长，另外一方面又不能把自己没有实现的希望全压给孩子，合理的期望，合理的指导，合理的帮助，孩子才能够合宜地成长。

严格与放任

>> 教育儿童，应当严格的地方便须严格，应该放任的地方便须放任。美国的教育偏重放任，中国的教育偏重严格。太放任了虽是富于自由，不免溢出范围；太严格了，虽是谨守规则，却有些枯干气味，都不是应当有的现象。

——《陶行知全集》第1卷，第252页

朱永新解读：

与对孩子的“忽视”和“期望太切”两种态度相适应，对待孩子的教育方法自然有放任与严格的不同。忽视，往往容易放任；期望太切，容易严格。陶行知先生认为，这两种方法都不是最好的方法。“太放任了虽是富于自由，不免溢出范围；太严格了，虽是谨守规则，却有些枯干气味”，都不是应当有的现象。

在中国的家庭，我们往往更容易采取“严格”的路线，因为中国的父母往往对孩子的期望太切太高。所以我们要注意，更需要宽松自由一些，更需要给孩子一些空间和时间。

六岁以前的教育很重要

>> 六岁以前的教育是多么重要啊！所以要培养小学生，先须培养幼稚生，更须培养婴儿，即须培养婴儿的母亲，那才是根本的办法咧。不注重母教要想把小学办好，比如是水中捞月，如何可能！

——《陶行知全集》第3卷，第40—41页

朱永新解读：

六岁以前的儿童教育非常关键非常重要。蒙台梭利就曾经说过，3—6岁的孩子“确实有一种自然倾向可以吸收文化、可以学习”，这是他们与生俱来的“巨大的内在力量”。所以，培养婴幼儿的母亲就显得十分重要。正因为如此，陶行知非常重视母亲教育的意义，认为“要培养小学生，先须培养幼稚生，更须培养婴儿”，而最根本的是“须培养婴儿的母亲”，即所谓的“母教”。

作为父母和老师，陶行知的这段文字对我们是非常有启发的。要教育自己的孩子，首先要教育自己。与孩子一起成长，先于孩子更好地成长，才能够真正地成为一个称职的父亲母亲和老师。

父母教育要一致

>> 中国家庭教育素主刚柔并济。父亲往往失之过严，母亲往往失之过宽。父母所用的方法是不一致的。虽然有时相成，但流弊未免太大。因为父母所施方法之宽严不同，子女竟至无所适从，不能了解事理之当然。并且方法过严则易失子女之爱心；过宽则易失子女之敬意。

——《陶行知全集》第1卷，第46页

朱永新解读：

父母教育的一致性非常重要。虽然在许多家庭父母往往扮演着不同的教育角色，有的严格一些，扮演“红脸”；有的宽松一些，扮演“白脸”，这是出于教育的需要。现在许多家庭有些是“严父慈母”，有些则是“严母慈父”。这都问题不大。

问题往往出在父母教育意见的不一致。父母意见的不一致，往往使孩子无所适从，甚至投机取巧。

所以，亲爱的父母，在教育孩子的问题上，一定要多沟通，多交流。在达成共识以后，父母可以采取不同的方式。

让孩子自己解决问题

>> 我们培植儿童的时候，若拘束太过，则儿童形容枯槁；如果让他跑，让他跳，让他玩耍，他就能长得活泼有精神。身体如此，道德上的经验又何尝不然。我们德育上的发展，全靠着遇了困难问题的时候，有自己解决的机会。所以遇了一个问题，自己能够想法解决他，就长进了一层判断的经验。问题自决得越多，则经验越丰富。若是别人代我解决问题，纵然暂时结束，经验却也被旁人拿去了。

——《陶行知全集》第1卷，第26—27页

朱永新解读：

陶行知认为，儿童的发展，无论是身体的还是品德的，都必须依靠儿童自己的活动，让他们自己去发现问题解决问题。为什么？因为儿童只有在解决问题的过程中才能够成长，成熟起来。他指出：儿童世界不是由大人们造好之后，现现成成交给小孩子去享受。大人代儿童造的世界必是于儿童有害的。儿童的世界要由儿童自己动手去创造。我们要停止一切束缚，使儿童可以自由活动，这样儿童的世界才有出现的可能。

亲爱的父母，我们不能代替孩子包打天下，不要越俎代庖代替他们解决问题，让他们自己去跑去跳去玩耍，孩子们的身体才能够健康。让他们自己去解决问题克服困难，他们的品德才能够发展。

不要小看小孩子

>> 人人都说小孩小，谁知人小心不小，您若小看小孩子，便比小孩还要小！

——《陶行知全集》第 7 卷，第 87 页

朱永新解读：

陶行知对儿童的创造力非常赞赏。他一直认为，“儿童是新时代之创造者，不是旧时代之继承者。儿童是创造产业的人，不是继承遗产的人”。所以，应该让儿童大胆地去“创造、建设、生长”，而不是简单地让他们“继承、享福、做少爷”。所以，在他的学校里，儿童就是主人，学生就是先生：“有个学校真奇怪：大孩自动教小孩。七十二行皆先生，先生不在学如在。”

的确，儿童的潜力是无限的。儿童的创造力是惊人的。我们如果低估了孩子的能力，如果“小看”了孩子，他们就不能够得到真正的成长。那么，你就是比小孩子还要小的人！

父母是孩子效仿的榜样

>> 孩童最易受影响人者也，父母之言行举动，子女多于不知不觉中被其激触，效而尤之。

——《陶行知全集》第1卷，第157页

朱永新解读：

父母是儿童最早的老师，也是最好的老师。蒙台梭利曾经说：对于父母而言，在没有任何准备的情况下突然要成为小孩子模仿学习的榜样，是一件很困难的事情。因为在一个纯真无邪的孩子降临到这个家庭前，许多父母往往是毫无思想和知识上的准备的。蒙台梭利为此告诫那些一方面要求孩子诚实一方面又当着孩子的面说谎的父母，说这是永远不能够做到的。

亲爱的父母，如果你希望孩子成为怎样的人，那么，你自己应该先成为那样的人。如果你要求孩子做什么事情，那么，你自己应该先努力做到。

指导孩子和生物做朋友

>> 我们的责任在指导孩子和生物做朋友，认识它，爱护它，研究它……这是小学生物学之康庄大道。

——《陶行知全集》第 8 卷，第 239 页

朱永新解读：

有专家曾经这样说："宝宝在大人眼里是弱小的，需要竭力呵护。但当有更弱小的生命出现在宝宝的生活中时，宝宝就变得强大了。"所以，让孩子和生物尤其是动物做朋友，让他们呵护植物，照顾小动物，对培养孩子尊重生命的情感，观察问题的能力，对他们拥有一个生命的伙伴，对他们认识生命和死亡，具有重要的意义。我想，这也是陶行知先生希望"指导孩子和生物做朋友"的出发点。

亲爱的父母，不妨在你的家里为孩子选择一些方便打理照顾、生命力比较强、生命周期相对短的动植物，让孩子陪伴它们成长，通过日记等方式观察它们，感受它们。你的孩子会因为这份责任，得到更好的成长。

来到小孩子的队伍里

>> 来，来，来，来到小孩子的队伍里，发现你的小孩。你不能教导小孩，除非是发现了你的小孩。
来，来，来，来到小孩子的队伍里，了解你的小孩。你不能教导小孩，除非是了解了你的小孩。
来，来，来，来到小孩子的队伍里，解放你的小孩。你不能教导小孩，除非是解放了你的小孩。
来，来，来，来到小孩子的队伍里，信仰你的小孩，你不能教导小孩，除非是信仰了你的小孩。
来，来，来，来到小孩子的队伍里，变成一个小孩。你不能教导小孩，除非是变成了一个小孩。

——《陶行知全集》第 7 卷，第 156—157 页

朱永新解读：

这是一首每个父母都必须认真学习领会的诗歌。如果你想教导自己的孩子，你首先应该来到孩子的队伍里，来到你自己孩子的身边。只有发现孩子、了解孩子、解放孩子、信任孩子，你才能真正地教导孩子，真正的教育才可能发生。而发现孩子、了解孩子、解放孩子、信任孩子的关键，是你要真正地“变成了一个小孩”。

童心不老。一个真正具有童心的人，会永远年轻。他会理解孩子的喜怒哀乐，他会尊重孩子的兴趣需求，他会按照孩子成长的逻辑教导他们，帮助他们更好地成长。

亲爱的父母们，做孩子的朋友吧！回到童年吧！

要跟小孩子学习

>> 我们跟小孩子学习，不愿向小孩子学习的人，不配做小孩的先生。一个人不懂小孩的心理，小孩的问题，小孩的困难，小孩的愿望，小孩的脾气，如何能教小孩？如何能知道小孩的力量？而让他们发挥出小小的创造力？

——《陶行知全集》第 4 卷，第 526 页

朱永新解读：

父母不仅要成为孩子中的一员，不仅要走进孩子中间，不仅要发现孩子、了解孩子、解放孩子、信任孩子、变成孩子，而且要善于向孩子学习。

陶行知先生曾经对老师们说：“我们要虚心的跟一切人学：跟先生学、跟大众学、跟小孩学、跟朋友学，跟大自然学，也跟大社会学，要学得专，也学得博。”其中，向自己的学生学习，向小孩子学习，就是主要的内容。

这段话当然也是对父母说的。父母，就是孩子的老师，就是孩子的先生。如果不向自己的孩子学习，就不配做孩子的先生，不配做孩子的父母。向孩子学习，首先意味着要懂得孩子，懂得他们的困难、问题、愿望、脾气，懂得他们的创造力、学习力。

提倡玩科学的把戏

>> 我们提倡科学，就是要提倡玩把戏，提倡玩科学的把戏。科学的小孩子是从玩科学的把戏中产生出来的。

——《陶行知全集》第3卷，第413页

朱永新解读：

科学是玩出来的。陶行知曾经多次讲起爱迪生的发明故事。他认为爱迪生至少给了他两个深刻的印象："一是科学要从小孩学起，二是科学的幼苗要像爱迪生的母亲一样的爱护才能保全。"他认为，我们现在已经进入了一个"科学的世界"。科学的世界里应该有一个科学的中国，而科学的中国要靠小孩子去创造。"等到中国的孩子都成了科学的孩子，那时候，我们的中国便自然而然的变为科学的中国了。"要造就科学的孩子，就要有科学的父母。所以，陶行知呼吁：中国的父亲，都学做富兰克林的父亲；中国的母亲，都学做爱迪生的母亲。任凭自己的小孩子去玩把戏，或许在其中可以走出一个富兰克林或爱迪生来。

亲爱的父母，你愿意成为富兰克林的父亲、爱迪生的母亲吗？那么，大胆地让孩子玩科学吧！

新学校需要新父母

> 我们需要新的普通学校、新的师范学校和新的父母学校，来培养后一代之新教师与新父母，这是过渡时代之儿童福利之泉源。
>
> ——《陶行知全集》第 4 卷，第 467 页

朱永新解读：

陶行知是中国新教育运动的代表人物。他所处的时代，正是欧美新教育运动风起云涌，新学校发展迅速，新教育思想广泛传播的时代。所以，新的学校迫切需要新的教师和新的父母。

在当代中国，新教育实验从 2000 年正式启航，2000 年第一所学校诞生，我们也就开始构建自己的家庭教育体系，在 2005 年建立了第一所新父母学校——莫愁新父母学校。我们一直认为，没有父母参与的教育是不健全的教育，没有父母的成长永远不会有孩子的成长。

新教育需要新父母，新学校需要新父母，培养新孩子更需要新父母。亲爱的父母们，让我们一起努力成为新父母吧！

主题索引

参考文献

著作

蔡幸福:《融通与创新——陶行知与牧口常三郎教育思想比较研究》,山东教育出版社 2008 年版。

储朝晖:《多维视野中的生活教育》,安徽教育出版社 2011 年版。

储朝晖 :《陶行知画传》,四川教育出版社 2012 年版。

戴伯韬:《陶行知的生平及其学说》,人民教育出版社 1982 年版。

董宝良主编:《陶行知教育论著选》,人民教育出版社 1991 年版。

董宝良主编:《陶行知教育学说》,湖北教育出版社 1993 年版。

方明主编:《陶行知全集》,四川教育出版社 2020 年版。

何国华:《陶行知教育学》,广东高等教育出版社 1997 年版。

何荣汉:《陶行知——一位基督徒教育家的再发现》,香港基督教文艺出版社 2004 年版。

胡国枢:《陶行知新论》,浙江人民出版社 2003 年版。

胡晓风等主编:《陶行知教育文集》,四川教育出版社 2007 年版。

胡志涛、丁丁:《生活教育论》,安徽教育出版社 1996 年版。

金林祥主编:《二十世纪陶行知研究》,上海教育出版社 2005 年版。

刘锐:《陶行知传》,北京时代华文书局 2016 年版。

上海图书馆中国文化名人手稿馆、丽水师范专科学校图书馆编:《20 世纪陶行知研究资料索引》2001 年版。

谭斌:《文化冲突视野下的陶行知》,安徽教育出版社 2011 年版。

刘未鸣、韩淑芳主编:《先生归来兮:陶行知,人生为一大事来》,中国文史出版社 2020 年版。

陶行知与中国现代化课题组:《陶行知与中国现代化》，四川教育出版社 2008 年版。
王一心:《劳谦君子·陶行知》，南京师范大学出版社 2004 年版。
王一心:《民国大先生：陶行知传》，团结出版社 2016 年版。
吴擎华:《陶行知与民国社会改造》，安徽教育出版社 2011 年版。
辛元、谢放:《陶行知与晓庄师范》，江苏教育出版社 1986 年版。
徐莹晖、王文岭编:《陶行知论生活教育》，四川教育出版社 2010 年版。
余子侠:《山乡社会走出的人民教育家——陶行知》，湖北教育出版社 1999 年版。
章开沅、唐文权:《平凡的神圣——陶行知》，湖北教育出版社 1992 年版。
中国陶行知研究会:《陶行知教育思想的现代价值》，华文出版社 2001 年版。
中央教育科学研究所教育理论研究室编:《陶行知年谱稿》，教育科学出版社 1982 年版。
周德藩主编:《走近陶行知——教师读本（第 2 版）》，高等教育出版社 2011 年版。
周洪宇、申国昌、余子侠主编:《陶行知与中外文化教育再探》，华中师范大学出版社 2020 年版。
周洪宇:《人民之子：陶行知》，湖北人民出版社 2011 年版。
周洪宇:《陶行知画传》，山东教育出版社 2011 年版。
周洪宇编:《陶行知教育名篇精选（教师读本）》，福建教育出版社 2013 年版。
周洪宇:《陶行知生活教育学说》，华中师范大学出版社 2020 年版。

周洪宇主编:《陶行知研究在海外》，人民教育出版社 1991 年版。
〔日〕斋藤秋男著，杨畅译:《陶行知评传——政治抒情诗人的一生》，四川教育出版社 1987 年版。
〔美〕朱宕潜:《发展中国家的教育模式：陶行知在中国的工作，1917—1946》，台湾高昌印刷公司 1966 年版。
朱永新编:《陶行知教育箴言》，福建教育出版社 2014 年版。
朱永新:《我的教育理想》，中国人民大学出版社 2012 年版。
朱永新:《新教育实验：中国教育改革的民间样本》，中国人民大学出版社 2019 年版。
朱永新:《致教师》，长江文艺出版社 2016 年版。
朱永新总主编:《中国教育改革大系》，湖北教育出版社 2016 年版。

论文

董宝良:《试论陶行知“教学做合一”同杜威“做中学”的本质区别》,《教育研究与实验》，1984 年第 1 期。
方明、丁丁:《“生活教育”在社会主义时期的新发展》,《中国陶行知研究基金会会讯》，1995 年第 8 期。
郭笙:《重视师范教育 改革师范教育——简论陶行知师范教育思想及其现实意义》,《中国教育学刊》，1988 年第 4 期。
胡晓风、陈廷湘:《论陶行知以新教育推进中国现代化的思想》,《社会科学研究》，2003 年第 2 期。
胡晓风:《陶行知创造教育及其现代价值》,《教师之友》，2000 年第 4 期。
刘季平:《略论陶行知先生的哲学观点》,《人民教育》，1951 年第 11 期。

石中英:《试论陶行知教育哲学的几对基本范畴》,《教育研究与实验》,1992年第2期。
童富勇:《陶行知生活教育理论的若干特色》,《教育评论》,2003年第4期。
童富勇:《陶行知研究综述(1927—1991)》,《教育史研究》,1992年第1期。
汪楚雄:《陶行知与中国新教育运动》,《教育研究与实验》,2009年第3期。
王荣国:《陶行知对中西文化的态度》,《厦门大学学报》(哲学社会科学版),1990年第2期。
项贤明:《论生活教育与学校教育的逻辑关系》,《教育研究》,2013年第8期。
杨东平:《中国需要新的教育哲学:从素质教育到生活教育》,《南京晓庄学院学报》,2008年第9期。
余子侠、覃小放、余文都:《试析陶行知试验主义教育思想及其现实意义》,《教育研究与实验》,2009年第6期。
余子侠博士学位论文:《双子座的光能:黄炎培陶行知教育思想比较研究》,华中师范大学1997年。
张健:《重新认识陶行知先生的生平和事业》,《人民教育》,1951年第11期。
周洪宇:《陶行知历史定位新论》,《华中师范大学学报》(人文社会科学版),2017年第2期。
周洪宇:《陶行知研究的方法论问题》,《华中师范大学学报》(哲学社会科学版),1989年第2期。
周洪宇博士学位论文:《陶行知与中国现代文化》,华中师范大学

1992 年。
朱小蔓:《立足现实，勇于实践，推进陶研工作》,《生活教育》,2011 年第 11 期。
朱永新:《千教万教，教人求真——陶行知先生有关教师的论述新解》,《河南教育》(教师教育)，2021 年第 1—2 期。
朱永新:《新教育是什么》,《湖北教育》(综合资讯),2012 年第 1 期。

后记

我从来没有想到，这一生与陶行知先生有如此之大的缘分。

早在 30 年前，为了撰写《中华教育思想史——中国教育科学的成就与贡献》一书，我曾经系统读过陶行知的著作，就先生的生活教育思想进行过初步梳理。

此后，虽然也零零星星地重读过先生的一些著作和文章，但很不系统。一放，就是 20 多年。

大约 10 年前，我开始每天早晨为新教育“萤火虫之夏”亲子共读项目撰写“新父母晨诵”，围绕着叶圣陶、蒙台梭利、苏霍姆林斯基等教育家的教育名言与之对话，希望能够在教育经典与现实语境间搭建桥梁，帮助年轻的父母简单便捷地掌握一些正确的教育理念。这些教育家的著作我反复读过，借这样的写作也再次温故知新。这样的基础上，我选编了《苏霍姆林斯基教育箴言》《叶圣陶教育箴言》《蒙台梭利教育箴言》以及《教师最喜欢的教育名言》。

上述著作出版之后，出版方希望我能够再选编一本《陶行知教育箴言》。他们认为陶行知先生是影响当代中国最伟大的教育家，陶行知的许多教育名言，如“捧着一颗心来，不带半根草去”“千教万教教人求真，千学万学学做真人”“先生之最大的快乐，是创造出值得自己崇拜的学生”等，言简意赅、脍炙人口，非常受一线老师的欢迎。我被他们的劝说打动了。

之所以答应出版方的邀请，一个重要原因，是我心中的“新教育”情结。新教育是发源于欧洲、后来又影响到美国杜威的进步主义教育运动。深受其影响的陶行知先生曾经把他发起的生活教育运动也命名为“新教育”。1919 年 7 月 22 日，他在浙江第一师范学校发表了著名的讲演，题目就叫《新教育》。他还亲自担任了《新教育》杂志的主编，是中国新教育运动的重要领导人。

另一个重要原因，是受陶行知先生的人格魅力的感召。陶行知先生不仅是一位富有理想和激情的教育理论家，更是一位富有创造性的行动家。我曾经听过陶行知的学生、民进的前辈方明老讲他的故事，每一次都热血沸腾、热泪盈眶。其实，我们 2000 年开始的“新教育实验”，在一定程度上是延续了陶行知先生等倡导的新教育运动。而我，从内心深处也把陶行知先生作为自己的精神导师。

当然，还有一个重要的原因，就是我在那个时候应朱小蔓教授的邀请，担任了中国陶行知研究会的副会长。作为陶行知研究会的一名成员，学陶研陶师陶用陶，是我们的必修功课。借着撰写《陶行知教育箴言》的机会，好好读读陶行知先生的著作，也算是我作为陶研会会员的一份“家庭作业”。

大约从 2013 年开始，用了近半年的时间，再次通读了四川教育出版社出版的《陶行知全集》。再度走进《陶行知全集》的几个月期间，特别是阅读他与同时代亲友书信，看到他为了教育事业，筚路蓝缕，呕心沥血，在创办晓庄学校、生活教育社、山海工学团、育才学校和社会大学的过程中，他像武训那样到处寻求支持，像宗教徒那样四方传道讲学，钦敬之心屡屡澎湃。人生为一大事来，陶行知先生用生命诠释了这件事：新教育。选编这本书的过程，也正是接受先生教育的这一过程。

《陶行知教育箴言》共八个部分，选出名言 300 余条，分别收录了陶行知先生关于教育哲学、生活教育、创造教育、校长、教师、学校管理、农村教育和家庭教育等方面的思想。与此同时，我选出其中与家庭教育相关的内容进行解读，开始了与陶行知先生对话的“新父母晨诵”，并且在湖北教育出版社出版了《大师教你做父母——对话陶行知》一书。无意之中，完成了两本关于陶行知先生的著作，这从来没有排进我的写作计划之中，但却在2014年一起不期而至。

2015年，中国陶行知研究会换届改选。因为当时我还兼任中国教育学会的副会长，按照规定不能够继续留任。小蔓发短信给我说：“中陶会换届，没能留住你们这些大领导。但还是希望得到你的支持。”我告诉她：“只要需要，随叫随到。”2017年3月20日，小蔓联系我，希望我能够参加在北京中学召开的中国陶行知研究会学术年会，并且为会议做一场报告。那天，小蔓抱病参加了会议。没有想到，会议以后不久，她就因为身体的原因提出了辞呈，同时启动了新任会长的遴选工作。

在小蔓会长的亲自主持下，我被确定为新一任会长的人选。中国陶行知研究会很快与民进中央、教育部沟通联系，但由于种种原因，一直等到小蔓去世以后，才于2020年9月召开理事会选举产生了新会长。2021年4月下旬，我在七届一次理事会上再次当选为新一届中国陶行知研究会的会长。

与陶行知先生的缘分，似乎冥冥之中就这样决定了。记得在那天的会议上，我特别提出，要加强陶行知教育思想的研究。“研究会，不做研究，就没有生命、没有价值，所以首先我们要做好陶行知思想的研究”。我们要编辑出版新的16卷《陶行知全集》，建立学术委员会，出一批真正的陶研成果。要加强学陶研陶师陶用陶的工作，加大陶行知教育思想的普及宣传力度，推动各级各类学校实践陶行知教育思想。

今年是陶行知先生诞辰 130 周年。现在的这本著作，虽然在 2020 年初已经列入商务印书馆的出版计划，但是一直没有时间认真整理。作为中国陶行知研究会的会长，应该在学陶研陶师陶用陶方面率先垂范，所以利用业余时间补写了数十条对话，并且对全书进行了整理。这本书的内容全部出自方明老主编、四川教育出版社 2020 年第 3 版的《陶行知全集》。为节省篇幅同时便于读者查找，我们在每段引文后只标明了全集的第几卷第几页。

需要说明的是，陶行知先生的教育思想非常丰富，限于时间和眼光，也限于个人的学识，这次的选文及对话难免有遗珠之憾和偏狭之处，敬请方家和读者诸君教正。

最后，衷心感谢王陆军先生和商务印书馆的大力帮助，也感谢我的博士生罗晶同学协助我做了大量工作。

朱永新

2021 年 6 月 20 日

写于北京滴石斋